法藏知津

二編：佛教思想研究專輯

杜潔祥 主編

第 24 冊

儒骨佛心
——馬浮儒佛會通思想研究

林鳳婷 著

花木蘭文化出版社

國家圖書館出版品預行編目資料

儒骨佛心——馬浮儒佛會通思想研究／林鳳婷 著 — 初版 —
新北市：花木蘭文化出版社，2015〔民104〕
目 4+146 面；19×26 公分
（法藏知津二編：佛教思想研究專輯　第 24 冊）
ISBN：978-986-322-044-2（精裝）
1. 馬浮　2. 學術思想　3. 儒家　4. 佛教
030.8　　　　　　　　　　　　　　　　　　101015399

ISBN-978-986-322-044-2

9 789863 220442

法藏知津二編：佛教思想研究專輯
第二四冊　　　　　　　　ISBN：978-986-322-044-2

儒骨佛心──馬浮儒佛會通思想研究

作　　者　林鳳婷
主　　編　杜潔祥
副總編輯　楊嘉樂
編　　輯　許郁翎
出　　版　花木蘭文化出版社
社　　長　高小娟
聯絡地址　235 新北市中和區中安街七二號十三樓
　　　　　電話：02-2923-1455／傳眞：02-2923-1452
網　　址　http://www.huamulan.tw 信箱 hml810518@gmail.com
印　　刷　普羅文化出版廣告事業
初　　版　2015 年 5 月
定　　價　二編 24 冊（精裝）新台幣 40,000 元

儒骨佛心
——馬浮儒佛會通思想研究

林鳳婷　著

作者簡介

林鳳婷，政治大學中國文學系畢業、華梵大學東方人文思想研究所（佛學組）碩士，現就讀於中央大學中國文學系博士班。曾赴尼泊爾國際佛學院（International Buddhist Academy, IBA），研習佛教哲學與理論。2012 年，薩迦崔欽法王蒞臺傳授「道果」教法期間，與韓子峯教授共同完成藏文儀軌中譯。

提　　要

　　被視為當代新儒家先驅之一，又被梁漱溟稱作「千年國粹，一代儒宗」的馬浮，在其行文和講述時，往往儒佛並舉，有意會通兩者。學界一般認為，馬浮之於儒佛，乃是以佛解儒、以佛證儒，而終究是以儒攝佛。本論文則主張，馬浮思想之根柢，實為佛家而非儒家；以「儒骨佛心」統攝之，最能彰顯其思想特色。

　　於本體宇宙論，馬浮表示「易即一真法界」，易、太極、皇極、法界、真如、佛性等，乃名言差別，「理」則一如。

　　於心性論，馬浮恪守「儒佛等是閒名，心性人所同具」之趣，以「見性盡性」會通儒佛。論儒佛之異，僅表詮、遮詮之別。

　　於工夫論，馬浮力主知行合一、性修不二，強調主敬涵養、轉識成智。倡言「非徹證二空，不名克己」，是以「同得同證，無我無人」。孔門「克己復禮」，至此非唯道德而已，尚且攸關解脫救度。

　　於判教論，馬浮提出六藝判教，以六藝統攝中外一切學術，終歸「一心」。認為《易》教實攝佛氏圓頓教義，又言「孔佛所證，只是一性」，卻說「踐形盡性在此而不在彼」。

　　歷來研究馬浮之學者，多僅就六藝判教論，歸結其思想之終趣，未能雙立儒佛之義理，做出具體清晰之論述。因此，吾人擬就其會通儒佛之表現，闡明馬浮實兼具佛學本懷與濟世理念之學術思想，並呈現出「儒骨佛心」之獨特風格。

誌　謝

　　如果沒有這兩位相識二十多年、亦師亦友的指導教授劉又銘與韓子峯，拙著就只能是靈光一閃，呀呀地消逝！早年政大的孔孟學社——「繹如軒」和佛學社團——「東社」，是孕育我成長的溫床。當年，在這兩位大學長的身體力行與無私教誨下，我歡愉地走進了中國文化璀璨的寶藏；現今，又在他們的寬闊視野與無盡包容下，我學步般地探見了學術殿堂深廣之奧妙！

　　又銘學長的碩論《馬浮研究》，是國內、外研究馬浮的第一部專著；子峯學長之博論《天臺法華三昧之研究》，則開展了大乘頓覺法門之研究。能在二位學者的指導下完成此篇碩論，真是我研究生涯中莫大的榮幸！我等雖是故友，然而，又銘老師在學術上之不苟與嚴格，子峯老師在推理中之細膩與創發，卻讓我見識到其生命中不同面向的堅持與美麗！最難能可貴的是，他們竟能讓我放膽寫出了一個「儒骨佛心」的馬浮！

　　在中大博班的入學口試中，口考老師問起：「這是一個獨特的觀點，但你能否提出更有力的證據，來平息眾議？」老實說，這個見解有可能不完全正確，但也有可能是個待被深掘的視域，不是嗎？這正是學術——具有無限可能性——吸引人之處！

　　當然，如果沒有華梵東研所的師長們，不遺餘力地栽培與灌溉，一株小小的幼苗如我，很快就會枯萎的。謝謝曾經教導我的歷任所長黃俊威老師、熊琬老師、康特老師，以及釋仁朗老師、陳娟珠老師、莊兵老師，和多年好友黃英傑老師等。在此，謹獻上最深的謝意！

目

次

緒　論

第一節　研究動機與目的

　　馬浮（1883～1967）爲當代大學者，深具中西文化素養，曾入川創辦並主持復性書院。其思想方面之講述，主要匯集有《泰和宜山會語合刻》（二卷，附錄一卷）、《復性書院講錄》（六卷）、《爾雅臺答問》（一卷）、《爾雅臺答問續編》（六卷）、《濠上雜著》等。馬浮同時又是一位第一流的詩人和書法家，他說：「吾道寓於詩」〔註1〕。其詩「有玄有史」，既玄妙又厚典，每每能從一景一物窮達物我一如之境。所出版之詩集，總稱之爲《蠲戲齋詩全集》，共有詩作三千餘首。目前，其大部分講錄、著述與詩文，皆輯爲《馬一浮集》〔註2〕，共三大冊。此後，尚有《馬一浮先生遺稿初編》、《馬一浮先生遺稿續編》、《馬一浮先生遺稿三編》等問世。

　　在梁漱溟眼裡，馬浮乃「千年國粹，一代儒宗」；在賀麟眼裡，馬浮是「代表傳統中國文化的僅存碩果」；徐復觀則把馬浮與熊十力、梁漱溟、張君勱並視爲「當代四大儒」。〔註3〕滕复也說：「以佛證儒、融佛入儒是他（馬浮）學術

〔註1〕馬一浮著，馬鏡泉、樓達人、馬仲嗣、丁敬涵、虞萬里校點，《馬一浮集・蠲戲齋詩編年集・甲申上》（第三冊），杭州：浙江古籍出版社、浙江教育出版社，1996，頁289。

〔註2〕馬一浮著，馬鏡泉、樓達人、馬仲嗣、丁敬涵、虞萬里校點，《馬一浮集》（一、二、三冊），杭州：浙江古籍出版社、浙江教育出版社，1996。（第一冊爲虞萬里校點，第二冊爲丁敬涵校點，第三冊爲馬鏡泉、樓達人、馬仲嗣、丁敬涵、虞萬里校點。按：此後所引，皆略去作者、校點者、出版社與出版年等。）

〔註3〕分別見於《馬一浮先生紀念冊——馬一浮先生逝世二十周年紀念特刊》（杭

上的一個最大特點，也可以說這一特點貫穿了他的全部思想著作之中。」〔註4〕
換言之，歷來研究馬浮的學者，大多把馬浮視爲儒家或是當代新儒家的代表人物之一。

　　然而，馬浮在解釋儒學時，何以需要運用佛學的義理間架，援引佛理加以詮釋？論判教，何以判「六藝」爲圓頓，卻認爲「《易》教實攝佛氏圓頓教義」〔註5〕？

　　馬浮認爲「大抵儒家簡要，學者難於湊泊；釋氏詳密，末流又費分疏。」〔註6〕由於儒家太過簡要，遂有以佛理條分縷析之必要？然而，以佛理詮解儒學，是否會有推演太過之虞？馬浮對儒佛義理的根本立場到底爲何？他只是在詮釋方法上，以佛解儒、以佛證儒，而實質上則以儒爲本，並統攝中外一切學術嗎？會不會他根本就是在核心義理上援佛入儒，而把儒家徹底地佛學化？

　　從馬浮的論著和講述上看來，他確實有意會通儒佛，然而，他會通儒佛的動機何在？所採取的會通策略爲何？又達到什麼樣的會通成果？

　　根據近兩年來之研究，本論文認爲馬浮在宗教情感上，幾乎是全然以儒家自許的；但在理性思維上，卻又似乎是以佛家核心義理爲諦實。對馬浮而言，在情感與理性上，儼然形成了一極強烈的矛盾與衝突。他又將如何化解呢？

　　在馬浮的深心處，他何以總是將佛氏圓教與儒家易教相提並論？何以總是標榜儒家易簡之道容易有個入處？何以總是讚嘆六藝，謂其統攝一切？馬浮的儒佛定位究竟爲何？

　　在馬浮的思維中，他的儒佛關係，到底是以何種方式來進行會通的呢？若就體用的觀點來看，他是「以佛爲體，以儒爲用」，還是「以儒爲體，以佛爲用」呢？若就主從的角度來論，他是「以佛爲主，以儒爲從」，還是「以儒爲主，以佛爲從」呢？若就本跡的立場來說，他是本同跡異或是本異跡同，抑或本跡各異，還是本跡混同？若就本末的看法論之，他是「以佛爲本，以

州：浙江省書法家協會編印，1987年）中悼念文字；賀麟，《當代中國哲學》，臺北：臺灣時代書局，1974，頁12；徐復觀，〈如何讀馬浮先生的書──代序〉，《爾雅臺答問》，臺北：廣文書局，1973，卷首。
〔註4〕　滕復，《馬一浮思想研究》，頁26。
〔註5〕　《馬一浮集·復性書院講錄第二卷·易教下》（第一冊），頁188。
〔註6〕　《馬一浮集·書札》（第二冊），頁524。

儒為末」，還是「以儒為本，以佛為末」呢？他究竟是出於自覺，或是不自覺呢？

　　綜觀前人之研究（參見下文），似乎皆未能觸及馬浮會通儒佛之真正動機，與如實展現其會通儒佛之表現方法，並剴切確認其儒佛之定位。本論文撰述之動機與目的，乃在於以前人之研究為基石，進一步揭示出馬浮會通儒佛之潛隱動機，呈顯其會通儒佛之表現方法，並掘發其思想定位。

第二節　前人研究成果

　　有關馬浮儒佛會通之定位與會通儒佛之方法，向來即莫衷一是。在儒佛會通之定位上，可分為「儒佛混同」、「儒佛並重」與「以儒攝佛」三大類；在儒佛會通之方法上，可歸納為「援佛解儒」與「以佛證儒」兩類。茲以較具代表性之前人研究，分述如下：

一、有關馬浮儒佛會通之定位

（一）儒佛混同

　　李國紅在儒佛別異的角度上，認為馬浮用儒家的倫理道德語詞來談論佛教的生命存在問題，因此，混同了儒家的習氣觀和佛家的煩惱觀，忽視了儒佛的分別。〔註7〕

　　其後，他又站在儒佛共通處，讚許馬浮乃以禪宗自性的觀念來會通三教，以自性總持、融會一切教義和學派，反對執著於名相的宗教偏見和無謂爭論。他認為就馬浮的觀點視之，已證得自性之人，無所謂三教同異的問題，因為對見性者而言，三教義理相通；對於迷惑而未見性者來說，三教義理乃互異不通。因此，馬浮實繼承了中國文化在走向三教合一下，所形成的義理一元、價值多元的新傳統。三教雖有不同的價值取向，但卻都指歸人生問題與生命實踐，故而在歷史的演進中不斷地互補。因為自性人人平等，亦即我們的本來面目，這是三教皆認可的。〔註8〕李國紅認為自性對馬浮而言，即是人生當下的精神活動，因此三教皆同。然此說有待商榷。

〔註7〕　李國紅，〈淺析馬一浮以禪解儒〉，《蘭州學刊》，2007 年第 2 期，頁 34。
〔註8〕　李國紅，〈略論馬一浮以禪宗自性觀念會通三教〉，《社科縱橫》22：3，2007年 3 月，頁 134。

（二）儒佛並重

劉夢溪認為馬浮是中國現代學者當中最難解讀的一位，因為他的學問是「儒佛會通的學問，是與道體合一的學問。」此外，他的學問並不都在他的著作當中，他的書信和大量詩作，呈現出他學問精神最生動的世界。因此，其思想在當代鮮少知音！再者，馬浮是在不同時期對儒佛有所側重，不存在返而不歸的「返」的問題。他的一生從未曾離開過佛學。〔註9〕劉夢溪大抵道出了馬浮儒佛會通的學問結構，但未能釐清其會通儒佛之本懷與幽微。

（三）以儒攝佛

丁敬涵和顧天德認為，馬浮「儒佛觀的形成和發展，是經歷了由儒而佛、由佛返儒，以佛證儒、以儒攝佛，最後達到儒佛雙融於一心，『同得同證，無我無人』，唯有真知、正理的境地。」並舉出馬浮「借彼（佛）明此（儒）」的三種借用表現。〔註10〕韓煥忠在〈馬浮的佛學觀〉〔註11〕中，亦反覆闡釋馬浮將佛教的義理和方法攝入儒家六藝的範疇之內，如何「以儒攝佛」、「以佛釋儒」、「儒佛俱泯」而相資發明。最後，他表示：「馬浮作為儒學宗師而承認佛教能夠達到真理的極致，將其攝在六藝之教的範疇之中，並摘其所長以解儒經，並在終極的意義上取消了儒佛的分立與界限，使這種可能性變為現實。」上述二文，主要是站在儒家的立場，就馬浮的著述本身來梳理其儒佛觀，即使最後論及儒佛俱泯，亦泯於儒家之義理中。

吳光以為馬浮思想的定位與學術特色，可就其最根本的主張，即其學術宗旨來研判。在他看來，其根本宗旨乃在「六藝該攝一切學術」，因此主要是儒學，並且是以經學為主導的新儒學，或新經學。他指出馬浮「六藝統攝於一心」之說，體現了宋明理學家特別是心學家重視內在道德修養的學術特色，而性德具足、變化氣質、天命之性、全體大用這類用語，也是宋明理學家的常用話語，可見馬浮的六藝學，又是打上了鮮明的理學烙印的新經學。〔註12〕吳光僅就馬

〔註9〕 劉夢溪，〈馬一浮的文化典範意義〉，吳光主編，《馬一浮思想新探──紀念馬一浮先生誕辰125週年暨國際學術研討會論文集》，上海：上海古籍出版社，2010，頁8～13。

〔註10〕 丁進涵、顧天德，〈試探馬一浮先生儒佛觀的形成及發展〉，吳光主編，《馬一浮思想新探──紀念馬一浮先生誕辰125週年暨國際學術研討會論文集》，頁308、317～319。

〔註11〕 韓煥忠，〈馬一浮的佛學觀〉，《五臺山研究》98，2009，頁20～24。

〔註12〕 吳光，〈馬一浮思想的基本特色〉，吳光主編，《馬一

浮的「六藝論」與理學之關係來論定其學術思想，卻未察覺到馬浮最常使用的「性德」一詞，宋明理學家根本無人使用過，反倒是佛家的常用語。

劉又銘在〈馬浮的哲學典範及其定位〉中，提出：「馬浮基本上是朱子理學的立場，他據此融攝佛學、陸王心學以及歷代經學、子學。他主張『六藝之道即是此性德中自然流出的』、『六藝實統攝於一心，即是一心之全體大用』，並且就用這六藝之教的概念來作成儒家判教，來撰述《復性書院講錄》。他又強調六藝是國學的最佳代表，可以統攝諸子與四部，可以統攝中西一切學術。」〔註13〕此亦以儒攝佛之論，然以朱子學為立場。

上述三類關於馬浮儒佛定位之看法，皆未能準確揭示馬浮心中之奧義。何以故？有些學者認為馬浮乃「儒佛混同」，然此觀點不足以採信，毫無意義，不符事實。一代學者馬浮，豈有可能如此？若以為馬浮是「儒佛並重」，卻未論及二者間之關係，則易成為分裂之二元論，然此應為馬浮所不許，因此，很顯然地，劉夢溪之見應為一未完成之論述，吾人應予以進一步論究。

「以儒攝佛」之說，確實呈現了清楚的本末判分，亦為學界相關論述之大宗。是故，在儒佛會通的方法上，遂出現了「援佛解儒」與「以佛證儒」此二類。

二、有關馬浮儒佛會通之方法

（一）援佛解儒

許寧認為馬浮以佛解儒的用心處，在於讓儒家義理透過佛學提綱挈領的講經方式，得以重新詮釋而煥然一新，為儒學的未來提供一條切實可行的發展途徑。他指出馬浮「攟彼教之庀言，證儒家之孤義」〔註14〕之必要性，與「見性則橫說豎說皆可」的可能性，並歸納出馬浮向佛家取經以闡釋儒家經典的八種方法（語詞格義、六離合釋、句型解析、釋經程序、邏輯同值、框架融和、文本轉換、思惟擬議等），認為這些「為傳統經學文本的時代闡釋提供了一種新的解讀視角。」〔註15〕

　　　　浮先生誕辰125週年暨國際學術研討會論文集》，頁21。
〔註13〕劉又銘，〈馬浮的哲學典範及其定位〉，吳光主編，《馬一浮思想新探──紀念馬一浮先生誕辰125週年暨國際學術研討會論文集》，頁130。
〔註14〕《馬一浮集‧書札》（第二冊），頁505。
〔註15〕許寧，〈馬一浮佛學解釋學芻議〉，《普門學報》37，2007年1月，頁9。

在〈心性圓融──馬浮心性論體系的建構與展開〉〔註16〕一文中，許寧亦統整出馬浮心性論體系中「心兼理氣」、「心統性情」、「六藝一心」的邏輯架構，指出他不外乎是發揮了《大乘起信論》「一心開二門」的觀點來談「心兼理氣」與「心統性情」。馬浮將性、理歸入心真如門，將情、氣納入心生滅門，因此性、理、情、氣皆統於一心；又根據華嚴宗「六相圓融」理論，提出「六藝一心」的觀點，得出「六藝統攝於一心」的結論。他以佛學的詮釋視角，試圖彌合宋明理學心性論的內在緊張和歧異，從而提出「心兼理氣、統性情」的邏輯架構。許寧認為馬浮是援引佛理，對理學和心學作了修正和調整。

陳永革也指出，馬浮對華嚴教義學的理論內容，如理事圓融、一心法界等論述，皆有圓攝性的闡釋，表明對華嚴典籍的精透。例如他以「一真法界」釋天，其實在宗密《華嚴原人論》已見。而唐代法藏、澄觀、宗密等華嚴諸祖師的論著，在馬浮的論札中更是隨處可見。馬浮對佛教經論特別是華嚴義學，具有相當深入的研究，相契於華嚴的法界緣起觀、六相義等教理。不僅如此，馬浮還從《華嚴》經旨中悟到治印之藝境。然而，馬浮援佛解儒與儒佛相配互解，集中體現其會通禪佛以析解儒家之道的知性化取向。〔註17〕陳永革認為馬浮只是藉佛教知識化的解讀與方法之運用，來建構其新儒家經教之體系。

（二）以佛證儒

滕复說：「以佛學證儒學是馬一浮思想之一大特色。」他認為馬浮哲學和學術思想的理論上的特點，是以儒家易簡思想為核心，主張以佛證儒、以儒融佛，以及對宋明儒學的程朱和陸王的理學和心學之間的矛盾，提出調停之說。而其思想上的新時代特點，主要是體現在思想方法和思想態度上，而不是在內容方面。因此，他以為「馬一浮一直認為，佛學見性，與儒學沒有不同，佛氏的問題只是在於以生（滅）為幻，這一點與儒家扞格。」因此，馬浮認為就見性的角度而言，儒佛是不二的，而儒佛的分別，卻可為《易》教所攝。然而，基於對中國文化的根本性看法，馬浮同於宋明儒皆得益於《易

〔註16〕許寧，〈心性圓融──馬一浮心性論體系的建構與展開〉，《中國哲學史》，2009年第 3 期，頁 60～64。

〔註17〕陳永革，〈馬一浮對佛教心法的知性詮釋：以華嚴禪為例〉，吳光主編，《馬一浮思想新探──紀念馬一浮先生誕辰 125 週年暨國際學術研討會論文集》，頁293～307。

經》以完善儒家心性理論，卻異於宋明儒的儒佛壁壘，而以「不分古今，不分漢宋，不分朱陸」的胸襟和雅量，直接孔孟儒學的眞諦。〔註18〕「以生爲幻」雖與儒家扞格，然就馬浮看來，此乃不了義之破相顯性教法，若就佛氏圓頓之說，則無異於儒家。

滕復指出：「馬浮認爲儒家哲學的終極價值目標是要人顯發自性，最關鍵的不是認同儒佛老莊，而是要自覺自證，自己作主。」因此他以爲馬浮所闡述的儒家思想雖十分傳統，但其對於儒家思想的觀念和態度，不但超越歷史，且極富現代意義！〔註19〕然此，並未點明其自覺自證之所欲證爲何，但顯然亦是儒家本位之立論。由上可知，滕復所提出之「證」，並非關鍵意義之證成。就滕復的觀點來看，他認爲在馬浮的儒佛思想中，儒學顯然是更優位的。

所以，依此看來，無論是援儒解佛或以佛證儒，都是以儒攝佛。其差別乃在於，其一爲經典闡述，其二爲生命覺證。這兩者的共通之處，皆認爲佛學對儒學的理解與實踐，有一定之助益，正是以儒學爲本，以佛學爲末。

然而，馬浮之意思意向果眞如此嗎？實則依此觀點，仍存在著許多困難，無法全面解決相關之疑惑。我們若能再推進一步，仔細觀察馬浮之著作及其生命情懷，仔細推究其內在之思維與動向，或許得以有迥然不同觀點之可能性。

事實上，馬浮的儒佛觀可從諸多角度來加以審視，端視探究者的立基點不同而有極大的差異。若單就馬浮的主要著作（《泰和宜山會語合刻》、《復性書院講錄》、《爾雅臺答問》、《爾雅臺答問續編》、《濠上雜著》）和「六藝論」來探索其儒佛觀，必將認定他終究由佛返儒，歸於六經。然而，馬浮晚年雖不再公開講學，難以窺其思想學術之全貌，若進一步求索其過世前二十年間之老來詩作，猶見其禪味一貫，宛如一老僧。

因此，在當前學者們的研究成果之下，唯有全面整合、探究與發微，念念持敬、內省與實踐，方可與馬浮爲友，與古人把手共行。正如馬浮所說：「凡世間典籍，皆是筌蹄……然不離文字而說解脫，知文字皆解脫相者，乃可以議讀書矣。」〔註20〕唯在眞俗之間，方能一窺其蹤！

〔註18〕滕复，〈馬一浮以儒融佛與調停朱陸之說評析〉，《杭州師範學院學報》（社會科學版），2007 年第 1 期，頁 12～17。
〔註19〕滕复，〈馬一浮以儒融佛與調停朱陸之說評析〉，《杭州師範學院學報》（社會科學版），2007 年第 1 期，頁 12～17。
〔註20〕畢養賽主編，《中國當代理學大師馬一浮》，上海：上海人民出版社，1992，

第三節　研究方法

在研究方法上，本論文是以林安梧所提出之「五證」〔註21〕法爲基礎，在此基礎上，主要則依當代學者傅偉勳之「創造的詮釋學」〔註22〕，此一脈絡之方法學論述，所進行之研究。

「五證」法，即「文獻的佐證、歷史的考證、經驗的察證、心性的體證、邏輯的論證」。此乃對中國哲學系統性之研究，所提出之一值得參考的完整性看法。其中，「心性的體證」是不可或缺的一大特色，因爲中國哲學重在反躬實踐，若無此則醍醐盡失，這也正是馬浮哲學的根本精神所在，因此吾人也特別重視這一點。然而，文獻、歷史、經驗與邏輯之證明，正可與「創造的詮釋學」之「五謂」相互資發，也都是本論文所不能忽視的。

「創造的詮釋學」此一系統方法，兼具深度與廣度的內外探索，對馬浮儒佛會通思想之研究，具有良好的適用性。其方法論，包括五個辯證的層次，依次爲：「實謂」、「意謂」、「蘊謂」、「當謂」與「創謂」。然而，劉又銘依劉昌元之主張，認爲上述五層，純就「詮釋學」之角度，亦可簡化爲「意謂」與「蘊謂」兩層，來表現「詮釋學的洞見」。〔註23〕茲將此五個層次，就本論題的脈絡說明如下：

爲求馬浮著作文字的準確性，進行木刻本的校對，以探究馬浮的實際言詮，此即「實謂」；透過語意澄清、脈絡考察、邏輯分析等，盡量如實客觀了解馬浮之意思意向，此即「意謂」；從馬浮的人格特質、語默動靜、思想脈絡，

頁 11。

〔註21〕林安梧、歐陽康、郭齊勇、鄧曉芒，〈話語・思考與方法：中國哲學、西方哲學與馬克思主義哲學的對話〉，《臺北大學中文學報》2，2007 年 3 月，頁 273～326。

〔註22〕傅偉勳的「創造的詮釋學」從方法論的角度指出，對思想、經典的詮釋應該包括實謂、意謂、蘊謂、當謂、必（創）謂五個辯證的層次。對此學界已多有介紹、討論，於此不再贅言。參見傅偉勳，〈創造的詮釋學及其應用——中國哲學方法論建構試論之一〉，《從創造的詮釋學到大乘佛學》，臺北：東大圖書公司，1991，頁 1～46。

〔註23〕有關此歸併與簡化之論述，參見劉昌元，〈研究中國哲學所需遵循的解釋學原則〉，沈清松編，《跨世紀的中國哲學》，臺北：五南圖書出版公司，2001，頁 77～98。以及劉又銘，〈荀子的哲學典範及其在後代的變遷轉移〉，《漢學研究集刊・荀子研究專號》3，2006 年 12 月，頁 34～35；〈從「蘊謂」論荀子哲學潛在的性善觀〉，《「孔學與二十一世紀」國際學術研討會論文集》，臺北：政治大學文學院，2001，頁 52～53。

反覆斟酌、細心掘取馬浮思想中隱而未發之內蘊幽微，此即「蘊謂」；在馬浮多半被視爲純一儒者的表象下，就著蘊謂中的發現，化隱爲顯地思考，並建構其思想言詮之深層意蘊及根本義理所在，此即「當謂」；在現代多元主義的立場上，針對馬浮會通儒佛的展現深入省思，此即「創謂」。

　　因此，本論文之撰述，將以「五證」法爲基礎，以「創造的詮釋學」方法論爲主軸，來深掘馬浮儒佛會通思想之「蘊謂」與「當謂」，以解決前人尙未解決的問題，並提出一足供參考之視域。

第一章　馬浮儒佛會通思想之雙重背景

　　馬浮是二十世紀學者裡面真正的高人逸士。他為我們樹立了一種氣質清明、不沾塵俗、徹底刊落習氣的純粹學者的典範。[註1] 他不但博古通今、學貫中西，亦是書界泰斗、詩壇名家，更是體大思精、圓融會通的思想家。在動盪不已的清末民初，馬浮一生大部分時間都在歸隱讀書，不僅通讀文瀾閣《四庫全書》，對佛典三藏十二部亦多遍攬。因此，中國文化的精髓，正在儒、釋、道三家，而他的學問根基自然也厚植於此。

　　然而，馬浮在宋元明清三教會通的時代潮流影響下，思及國家民族乃至全人類之生命文化歸趣，因而進行會通，並沿用以往之會通方式，乃必然的趨勢，此為其儒佛會通之外在背景因素；其次，在個人乖蹇坎坷的人生際遇之下，為解決己身內在之思想衝突以安身立命，因而尋求會通，乃迫切之需要，此其儒佛會通之內在背景因素。

第一節　歷代三教會通思想之召喚

　　佛教自東漢末年傳入東土後，與本土儒、道的關係，從彼此相互質疑、排拒至融通、資發，歷時一千多年，各取所需，相互影響，至宋元明清終於形成三教並立、時相會通之文化底蘊。在此文化圈中之人，於日常生活中，往往在不同情境之下，自由取用這三家的精華或糟粕，在順逆境中自我安立與調適，乃一顯見之事實。然而，儒釋道三家在本體宇宙論、心性論、工夫論上各成系

〔註1〕　劉夢溪，〈馬一浮的文化典範意義〉，吳光主編，《馬一浮思想新探——紀念馬一浮先生誕辰125週年暨國際學術研討會論文集》，頁10。

統，異中有同，同中有異，此三者是在什麼樣的背景、條件之下互相融通的？
這三家在形式上與義理上又可會通到何等程度？這是值得深究的。

　　然而，有關三教會通之相關論述已多，此亦非本論文之研究重點所在，
吾人將就前人之研究，集中於儒佛會通之議題，參照學者林義正〈儒佛會通
方法研議〉、李秀文《蕅益智旭儒佛會通思想研究──以《論語點睛》為中心》、
蔡金昌《憨山大師的三教會通思想》，暨餘等學者之研究成果，歸納、劃分歷
代儒佛會通之類型，〔註2〕及其與馬浮儒佛會通方法之關係，略分為殊途同歸
論、本同跡異論、判教融攝論與三教一心論，概述（除少數關鍵處之外，皆
不一一加註）如下：

一、殊途同歸論

　　一般泛說「三教一致」、「三教一貫」、「三教合一」者，皆可併入此論中。
殊途同歸論可說是最模糊、最通俗之化解差異、追求一致的方法。由於同歸
是指同歸於何者，並無清楚的交代，為了便於區分，此乃專就歸於政、教之
致善而言。

（一）三教致善說

　　就教化而言，三教致善的方法雖有不同，但同歸於善，皆有助於德行，
都不可或缺。魏晉時期，宗炳（375～447）於《明佛論》道：

> 教化之發，各指所應……且凡稱無為而無不為者，與夫法身無形普
> 入一切者，豈不同致哉？是以孔老如來，雖三訓殊路，而習善共轍
> 也。〔註3〕

此處表明三教言論有異，是因「各指所應」之故，其實在教化上，皆同歸於
善。再則，如明代憨山德清（1546～1623）所說：

> 嘗言為學有三要，所謂不知《春秋》不能涉世，不精老莊不能忘世，
> 不參禪不能出世，此三者經世、出世之學備矣。〔註4〕

〔註2〕　林義正在〈儒佛會通方法研議〉（《佛學研究中心學報》7，2002 年 7 月，頁
　　　　203～206）一文中，歸納出儒佛會通的八種類型：名異實同論、教異道同論、
　　　　跡異理同論、本末內外主伴論、判教融攝論、殊途同歸論、萬法同源（一心）
　　　　論、超越體證論。基本上，可將前三者歸之於本同跡異論；次二者，納為判
　　　　教融攝論；末二者，統為三教一心論；最後，再加上殊途同歸論，共四類。
〔註3〕　〔梁〕僧佑撰，《弘明集》卷二（CBETA T52n2102-p0012a11）。
〔註4〕　〔明〕（憨山之）侍者福善日錄、門人通炯編輯，《憨山老人夢遊集》卷39（CBETA

他以此三要做為信條來教誨弟子，勉勵自己，這也是一種言異行同、終歸於善的儒佛一致論。

（二）三教裨治說

就政治言，指三教治道有別，但均同歸平治，像梁武帝（503～549 在位）信佛、南宋孝宗（1127～1194）論三教異同，就是從政治立場出發，所採取的三教歸治同善論。宋孝宗在《原道論》指出：

> 釋氏窮性命、外形骸，於世事了不相關，又何與禮樂仁義者哉？然猶立戒曰：不殺、不婬、不盜、不妄語、不飲酒。夫不殺，仁也。不婬，禮也。不盜，義也。不妄語，信也。不飲酒，智也。此與仲尼又何遠乎？從容中道，聖人也。聖人之所為，孰非禮樂？孰非仁義？又惡得而名焉？譬如天地運行，陰陽若循環之無端，豈有春夏秋冬之別哉？此世人強名之耳，亦猶仁義禮樂之別，聖人所以設教治世，不得不然也……夫佛老絕念，無為修身而矣。孔子教以治天下者，特所施不同耳，譬猶耒耜而耕，機杼而織，後世紛紛而惑，固失其理。或曰：當如何去其惑哉？曰：以佛修心，以道養生，以儒治世斯可也。其唯聖人為能同之，不可不論也。〔註5〕

此說三教異用，聖人施之如四時運布，均歸乎治（理），又說三教「唯聖人為能同之」，其「同」蓋指治（理）而言。易言之，此是同歸乎治（理）的儒佛會通論。〔註6〕

再則，隋朝大儒王通（584～617）在有利於治的立場下，認為三教不可廢，亦主張「三教可一」，其「一」即指有裨於治；唐代宗密（780～841）：「策萬行，懲惡勸善，同歸於治，則三教皆可遵行。」〔註7〕、宋僧契嵩（1007～1072）的：「儒佛者，聖人之教也。其所出雖不同，而同歸乎治」〔註8〕等等。

可見此一類型，就同歸於善來說，乃力求會通者之共通處，馬浮亦不例外。

X73n1456_p0746b13-b14）。
〔註5〕〔宋〕志磐撰，《佛祖統紀》卷 47（CBETA T49n2035_p0429c22-p0430a18）。
〔註6〕林義正，〈儒佛會通方法研議〉，《佛學研究中心學報》7，頁 196。
〔註7〕〔唐〕宗密述，《原人論》卷 1（CBETA T45n1886_p0708a11-a12）。
〔註8〕〔宋〕契嵩撰，《鐔津文集》卷 8（CBETA T52n2115_p0686b13-b14）。

二、本同跡異論

此類型之會通，從表相上教理名相的比附，至義理上名異實同、跡異理一的提出，可分爲兩個面向：

（一）名異實同說

此即以儒佛的概念名相來互相比附，亦即格義，是佛教進入中土之後，早期最常見的會通方法，後世亦更進一步運用。〔註9〕初期常見的有五戒和五常的擬配等等。再則，以《易》乾之元亨利貞四德比同佛之常樂我淨，用太極等同眞如、一心、如來藏心、自性等等，此乃由於會通者認爲二者之不同，只有名相說法的不同，實際上所指攝的意義是相同的。馬浮亦有言，易即一眞法界。（見下一章）

（二）跡異理同說

此說認爲儒佛教化之行跡雖不同，但其理一致，所以儒佛相通。〔註10〕南朝劉勰（約468～521）在《滅惑論》中，論孝：

> 夫佛家之孝，所包蓋遠，理由乎心，無繫於髮……夫孝理至極，道俗同貫，雖內外跡殊，而神用一致……至道宗極，理歸乎一，妙法眞境，本固無二……是以一音演法殊譯，共解一乘敷教異經，同歸經典。由權故，孔釋教殊，道契解同。〔註11〕

說明佛儒二家之孝，表現之行跡雖有別，但其精神本無有異。所以，他說「孔釋教殊，道契解同」。宋僧大慧宗杲（1089～1163）說：

> 三教聖人立教雖異，而其道同歸一致，此萬古不易之義，然雖如是，無智人前莫說，打爾頭破額裂。〔註12〕

這是訴諸禪悟的教異道同論。此外，南宋宰相李綱（1083～1140）也力主儒佛

〔註9〕 陳寅恪在《金明館叢稿初編》（上海：上海古籍出版社，1980，頁154）中說：「嘗謂自北宋以後援儒入釋之理學，皆『格義』之流也。佛藏之此方撰述中有所謂融通一類者，亦莫非『格義』之流。即華嚴宗如圭峰大師宗密之疏《盂蘭盆經》，以闡揚行孝之義，作《原人論》而兼採儒道二家之說，恐又『格義』之變相也。然則『格義』之爲物，其名雖罕見於舊籍，其實則盛行於後世，獨關於其源起及流別，就予所知，尚未有確切言之者。以後爲我民族與他民族二種不同思想初次之混合品，在吾國哲學史上尤不可不紀。」

〔註10〕 見林義正，《儒佛會通方法研議》，《佛學研究中心學報》7，頁204。

〔註11〕 〔梁〕僧佑撰，《弘明集》卷8（CBETA T52n2102_p0049c25-p0051b04）。

〔註12〕 〔宋〕蘊聞編，《大慧普覺禪師語錄》卷22（CBETA T47n1998Ap0906b07-b08）。

歸一論,他說:

> 《易》立象以盡意,《華嚴》托事以表法,本無二理,世間、出世間亦無二道。何以言之?天地萬物之情無不攝總於八卦,引而申之,而其象至於無窮,此即華嚴法界之互相攝入也。一爲無量,無量爲一;小中見大,大中見小;法界之成壞,一漚之起滅是也。乾坤之闔闢,一氣之盈虛是也。《易》有時,其在《華嚴》則世界也。《易》有才,其在《華嚴》則法門也。〔註13〕

他認爲《易》與《華嚴》乃借象喻理之作,立象托事,理無有二。《易》象之推衍無窮,就是華嚴法界的互攝互入,法界的成壞即一漚之生滅。又言:

> 所以處世間者,所以出世間者,儒釋之術一也,夫何疑哉?神通妙用在運水搬柴中,坐脫立亡在著衣吃飯中,無上妙道在平常心中。〔註14〕

他總結《華嚴》法界與《易》之易簡法門無有二理,所以認爲無上妙道就在平常心之中。可見馬浮「《華嚴》「法界」之名與《易》義相準。」〔註15〕之說,實有所承。此外,南宋朱熹排佛以來,有居士李之純(約1187~1234)著《諸儒鳴道集說》,對排佛論提出駁議,並以《華嚴》、《楞嚴》、《圓覺》等圓教經典爲根本,援儒入釋,倡三教合一說,尤詳於儒佛融合,時人稱爲「孔門禪」,其調和方案是儒佛於用有異,其本則同,其教有別,本爲一家。〔註16〕馬浮也常以《華嚴》、《楞嚴》、《圓覺》等圓教經典,與儒義並列。

三、判教融攝論

判教是站在一個整體觀上,以自宗爲主軸,融攝自、他各教派或深或淺的義理,成爲一個上下完整的體系。有的僅用內外互補、主伴相資、本末一致的兩相結合的觀點,來化解自他的衝突,這是較粗淺的判教雛型;一般來說,判教多指以自家義理爲最高層次,將他宗置於其下,形成高低有序的一大系統。茲分爲二:

(一)本末內外主伴說

東晉孫綽(320~377)《喻道論》站在佛家的立場,說道:

〔註13〕〔清〕彭際清編,《居士傳》卷29(CBETA X88n1646_p0235b24-c07)。
〔註14〕〔清〕彭際清編,《居士傳》卷29(CBETA X88n1646_p0236b22-b23)。
〔註15〕《馬一浮集‧復性書院講錄第六卷‧觀象卮言》(第一冊),頁423。
〔註16〕見林義正,《儒佛會通方法研議》,《佛學研究中心學報》7,頁196~197。

> 周孔即佛，佛即周孔，蓋外內名之耳……周孔救極弊，佛教明其本
> 耳，共爲首尾，其致不殊……故逆尋者每見其二，順通者無往不一。
> 〔註17〕

佛與周孔之所以能相即，是因爲判佛爲本、爲內，能明其本；判儒爲末、爲外，可救極蔽，以尋求二者的相輔相成，而彼此融會。

此外，南宋圭堂居士（約 1200～1250）身爲儒者，對理學相當熟悉，雖信奉佛教禪宗，主張三教一致，但同時反復強調儒教的正統支配地位絕不可動搖，反映了當時儒者根深蒂固的觀念。其著《大明錄》早已失佚，現存日本。他說：

> 穹然而高者，天也。隤然而下者，地也。混然中處者，人也。厥初
> 人道之始生，而儒教已爲之主，既而兩教（按，佛、道二教）乃入，
> 將爲之伴焉，非主也。故儒教之尊，實爲人道之大源。大抵兩教本
> 有交參之妙，故論兩之合者，自吻然而無異。儒教本爲人道之宗主，
> 故論三之合者，終扤隉而不安。是以儒氏斥佛老之學謂之異端。伊
> 川曰：「但本領不是，一齊差卻。」誠如是也。是故眞具正眼者終
> 不妄摘其一二句之相似者強合附會，以紊儒宗立天地、正人心之大
> 統。所謂不同之同，乃所以深同之也。雖然三之不可強合固也，而
> 各有一言可以綱之。何者？道以尊設教，佛以大設教，儒以正設教。
> 世間只有此三字，而三家各主之矣。（卷二十〈篇終雜記〉）

此處提出了以儒爲主，佛道爲伴的三教合一論。他認爲佛道二教源於原初「性命」之分化，並且二者互相融攝，故此二教可以吻然合而爲一，但儒教與二教本旨不同，不可與它們相合，因此反對摘引佛道典籍中的語句比附儒教的做法。然而，三教雖主旨不同，但正因爲不同，所以爲「深同」，同爲世間所需。〔註18〕

（二）判教納攝說

晚唐宗密禪師（780～841）的判教，是歷來融攝儒道規模最大、也最早的典範。他依教淺深，分判五教：人天教、小乘教、大乘法相教、大乘破相

〔註17〕〔梁〕僧佑撰，《弘明集》卷 3（CBETA T52n2102_p0017a07-a15）。

〔註18〕上引文與此所述，皆引自楊曾文〈南宋圭堂居士《大明錄》及其三教一致思想〉（其所據乃日本駒澤大學古活字本《大明錄》之複印本），收錄於《佛教與中國文化國際學術會議論文集中輯》，中華文化復興運動總會、宗教研究委員會編印，1995 年 7 月，頁 339。

教、一乘顯性教,而將儒道判爲最初階的人天教。他說:

> 孔、老、釋迦皆是至聖,隨時應物,設教殊途,內外相資,共利群
> 庶,策勤萬行。明因果始終,推究萬法,彰生起本末,雖皆聖意而
> 有實有權,二教唯權,佛兼權實。策萬行,懲惡勸善,同歸於治,
> 則三教皆可遵行。推萬法,窮理盡性,至於本源,則佛教方爲決了。
> 〔註19〕

他認爲三教雖可同歸於治,但就窮源盡性來看,佛教方爲究竟。他論證三教
會通之策略,眾式兼備,規模宏大,後人難以出其右。其會通三教特色之一,
在批判儒、道本源思想之餘,強調三教本源可以會通,他說:

> 究實言之,心外的無別法,元氣亦從心之所變。〔註20〕

此心即本覺眞心,亦名佛性,亦名如來藏。是故,萬法同源而歸於一心。馬
浮的六藝判教論,特別重視宗密所判之一乘顯性教,其最後的六藝攝於一心
之說,更是和宗密的歸於一心說關係非常密切。再則,黃國清認爲宗密的三
教會通思想不再是淺層的教義比配,乃是透過心識論所進行的深層會通,爲
三教會通思想的重大突破。宗密著作中關於三教會通的見解,在宋、元、明
各代廣爲高僧與居士們所引用,極受推重,足見影響之深遠。〔註21〕

四、三教一心論

宋代理學發達,理學的本體工夫論就是心性論,而中國佛教之天台、華
嚴、禪宗等又莫不視心性爲一下手處,由是儒釋二家的交融與糾葛益形複雜,
儒門內的逃禪撻伐之聲此起彼落,但正如錢穆在談到宋儒時所說,宋儒雖然
反對佛教,佛教卻滲入其骨髓當中。

明代心學盛行,王學學者有許多佛學著作,如李贄(1527~1602)有《華
嚴經合論簡要》、《般若心經提綱》、《淨土決》,焦竑(1540~1620)有《楞嚴經
精解評林》、《楞伽阿跋多羅寶法經精解評林》、《圓覺經精解評林》、《法華經精
解評林》,袁宏道(1568~1610)有《西方合論即淨土十要》等等;明末「四大
高僧」中也有諸多解儒之作,例如憨山德清(1546~1623)的《大學綱目決疑》、

〔註19〕〔唐〕宗密,《原人論·序》(CBETA T45n1886_p0707c25)。
〔註20〕〔唐〕宗密,《原人論·會通本末第四》(CBETA T45n1886_p0710b05)。
〔註21〕黃國清,〈宗密之三教會通思想於中國佛教思想史上的意義〉,《中華佛學學報》
3,1999年3月,頁271。

《中庸直指》、〈左氏春秋心法序〉等和蕅益智旭（1599～1655）的《周易禪解》、《四書蕅益解》等。無論是以儒釋佛或是以佛釋儒，都是繞著一心來闡釋，因此更促成了三教一心之理趣。茲就歸儒說、心統說、歸佛說來論述：

（一）歸儒說

〔明〕林兆恩（1517～1598）的三教論，是以心統三教，他說孔子、釋迦牟尼和老子之學都是心性之學：

> 孔子之學，心性也；黃帝、老子之學，心性也；釋迦之學，心性也。心性，本體也；本體，常明也。〔註22〕

> 釋氏曰：「明心了性。」儒者亦曰：「盡心知性。」道家曰：「性命雙修。」儒者亦曰：「盡心至命。」曰心曰性曰命之既同，則天下之道原於一矣！釋氏之歸一，道家之得一，儒者之貫一，蓋謂此也。〔註23〕

林兆恩主張三教在心性上相同，在此基礎上，他更提出其三教合一思想的核心：即倫常即心性、三教歸儒宗孔。他說：

> 兆恩所云三教合一者，以和今之和尚、道士而三綱之，而五常之，士之，農之，工之，商之，以與儒者為一，孔子為一也。夫孔子之道，公道也；孔子之心，公心也……如無志於唐虞三代之治則已，如有志於唐虞三代之治，若不群釋道者流，而三綱之，而五常之，士之，農之，工之，商之，其何以復還太和元氣於宇宙間邪？〔註24〕

因此，林兆恩所要回歸之儒不是宋明儒，而是先秦的孔子之道，其三教合一是求心性與人倫的統一，以倫常來規範三教之弊。然而，馬浮卻頗不以為然，他說：「三教同源之說，始於明季閩人林三教，不可據依，其人實於三教教義初未夢見。近世祖述此說者，益見支離。」〔註25〕

（二）歸佛說

蕅益智旭（1599～1655）由《楞嚴經》開展出「現前一念心」說，亦即如來藏妙真如性，並以之為基礎，融合諸宗，力主儒、釋、道三教的融合。

〔註22〕見林兆恩，《林子全集》，北京圖書館古籍珍本叢刊，北京：書目文獻出版社，1988，頁1193。
〔註23〕見林兆恩，《林子全集》，頁1033。
〔註24〕見林兆恩，《林子全集》，頁54～55。
〔註25〕《馬一浮集·爾雅臺答問卷一》，頁534。

他說：

> 大道之在人心，古今唯此一理，非佛祖聖賢所得私也。統乎至異，
> 匯乎至同，非儒釋老所能局也。剋實論之，道非世間，非出世間，
> 而以道入眞，則名出世，以道入俗，則名世間。眞與俗皆跡也，跡
> 不離道，而執跡以言道，則道隱。故曰：行而上者謂之道，行而下
> 者謂之器。又曰：君子上達，小人下達。嗚呼！今之求道於跡者，
> 烏能下學而上達，直明心性，迥超異同窠臼也。〔註26〕

明言三教之道在於人心，若欲下學而上達，唯有直明心性，而勿執於三教之
跡。他認爲：

> 自心者，三教之源，三教皆從此心設施。苟無自心，三教俱無；苟
> 昧自心，三教俱昧；苟知此心，而擴充之，何患三教不總歸陶鑄也
> 哉！心足以陶鑄三教，乃名能盡其性，亦能盡人物之性。〔註27〕

由此可見，三教之道同，是來自三教皆同此心。他在《大學直指》中云：

> 謂現前一念，靈知洞徹而未嘗有形，即般若德；現前一念，雖非形
> 象而具諸妙用，舉凡家國天下，皆是此心中所現物，舉凡修齊治平，
> 皆是此心中所具事，即解脫德；又復現前一念，莫知其鄉而不無，
> 位天育物而非有，不可以有無思，不可以凡聖異，平等不增不減，
> 即法身德。〔註28〕

蕅益以現前一念來調和、會通儒佛，乃爲彰顯佛法而倡三教合一。其注解儒
書，只是藉儒說佛，「以禪入儒，誘儒知禪耳！」僅爲一種教化策略上的會通，
而非眞正理論體系之融會，希望世上眞習儒者，成就出眞君子，並能更進一
步，令諸多精微佛理亦得以彰明之，唯願「俾儒者道脈，同歸佛海。」顯示
蕅益始終是站在佛教角度來論理儒學的基本立場，目的仍在倡說佛旨，亦即
在其解儒之作中，儒學雖固得以宣說，實際上則令佛學藉之而大張。〔註29〕

〔註26〕 見靈峰蕅益大師著，古歙門人成時編輯，《靈峰宗論》卷五之三，《蕅益大師
全集》（網路版：http://www.ouyi.mymailer.com.tw/ouyihtm/016-018/05/05～
3.htm#【儒釋宗傳竊議（有序）】）。

〔註27〕 見靈峰蕅益大師著，古歙門人成時編輯，《靈峰宗論》卷七之四，《蕅益大師全
集》（網路版：http://www.ouyi.mymailer.com.tw/ouyihtm/016-018/07/07～4.htm#
疏二）。

〔註28〕 見蕅益大師解，陽復子江謙補註，《四書蕅益解》，《蕅益大師全集》（網路版：
http://www.ouyi.mymailer.com.tw/ouyihtm/019/019～7.htm#大學直指（依古本））

〔註29〕 上述詳見李秀文，《蕅益智旭儒佛會通思想研究──以《論語點睛》爲中心》，

（三）心統說

〔明〕焦竑（1540～1620），視佛學爲聖學，以聖學爲佛學，認爲不通佛學就不能通儒學，提出了超越三教，以心性爲最終旨歸的觀點。也就是說，以心性統三教，以心性作爲衡量的標準，不管是儒是釋是道，只要符合心性就可。他在爲瞿汝夔刻印的《華嚴經》寫的序中說：

> 餘以謂能讀此經，然後知《六經》、《語》、《孟》無非禪，堯舜周孔
> 即爲佛，可以破沉空之妄見，糾執相之謬心。〔註30〕

能讀懂《華嚴經》，才能知道《六經》、《論語》、《孟子》無非是禪，而儒家的聖人堯舜周孔即是佛。他說：

> 佛言心性與孔孟何異？其不同者教也。〔註31〕

> 孔孟之學，盡性至命之學也。獨其言約旨微，未盡闡晰。世之學者
> 又束縛於注疏，玩狎於口耳，不能驟通其意。釋氏諸經所發明，皆
> 其理也。苟能發明此理，爲吾性命之指南，則釋氏諸經即孔孟之義
> 疏也，而又何病焉？〔註32〕

可見他認爲儒釋之學是道同教異，儒之心、性即佛之心、性，本來同一，不必言合。又：

> 學者誠有志於道，竊以爲儒、釋之短長，可置勿論，而第反諸我之
> 心性。苟得其性，謂之梵學可學，謂之孔孟之學可也，即謂非梵學，
> 而自爲一家之學，亦可也。〔註33〕

因此，他主張應該放下對儒、佛異同喋喋不休的辯論，最重要的乃在於反諸個人的心性。

由上所述，從三教合一的發展歷程來看儒佛關係，可知兩者之間不但逐漸互相「儒化」與「佛化」，最終更是走向儒佛同源一心之論，難怪馬浮要提出「儒佛等是閒名，心性人所同具」，〔註34〕並以「一心」統攝中外一切學術，這實在是由於時代的趨勢所致！

　　　　臺北市立教育大學中國語文學系語文教學碩士論文，2008，頁77。

〔註30〕〔明〕焦竑撰，李劍雄點校，〈刻大方廣佛華嚴經序〉，《澹園集》卷16，北京：
　　　　中華書局，1999，頁183。

〔註31〕〔明〕焦竑撰，李劍雄點校，〈崇正堂答問〉，《澹園集》卷48，頁719。

〔註32〕〔明〕焦竑撰，李劍雄點校，〈答耿師〉，《澹園集》卷12，頁82。

〔註33〕〔明〕焦竑撰，李劍雄點校，〈答友人問〉，《澹園集》卷12，頁82～83。

〔註34〕《馬一浮集·爾雅臺答問補編》（第一冊），頁743。

馮友蘭在《中國哲學史新編》說：

> 中國哲學有一個主要底傳統，有一個思想的主流。這個傳統就是求
> 一種最高境界。這種境界是最高底，但又是不離乎人倫日用底。這
> 種境界，就是即世間而出世間底。這種境界以及這種哲學，我們說
> 它是「極高明而道中庸」。〔註35〕

正由於有此最高境界的內在渴求，所以如何使「極高明」和「道中庸」統一
起來？他說：「這是中國哲學所求解決的問題。求解決這個問題，是中國哲學
的精神。」〔註36〕此精神也就是「中國哲學家所謂內聖外王之道」〔註37〕，
這自然是站在儒家的立場來發言的。然而，長久在儒家文化薰陶之下的個人，
莫不對「窮則獨善其身，達則兼善天下」有一種天生的使命感；長期在佛家
發菩提心、行菩薩道的激勵之下，又無不以救度眾生為己任。然而，如何能
夠即世間而出世間呢？大多數人多半會採取北宋契嵩所主張的：「儒者聖人之
治世者也，佛者聖人之治出世者也」的論點。但，馬浮卻更進一步說：

> 佛出世亦是入世，儒入世亦是出世。今人以出世、入世判佛、儒，
> 未當。〔註38〕

以外在所顯的出世和入世來區分儒佛是不恰當的，應該要遠離刻意求取出世
或入世的妄想執著：

> 世人有出世間、入世間之說，不知既無一個世間可出，亦無一個
> 世間可入。何謂世間？習即世間。學者工夫只在去習，錮蔽既除，
> 本性顯露，雖居世間何害？若錮蔽未除，自性未明，雖求出世間，
> 云何能出？須知刻意求出世、入世之心，皆是妄想執著。〔註39〕

他是就耽習氣和明自性之分，來分別世間與出世間的，這顯然是以一心的迷
悟為檢別的標準。所以他認為：

> 世上只有兩等人，佛氏謂之迷、悟，在儒書則為仁與不仁。〔註40〕

這樣一來，識仁為悟，不識仁為迷，也就把儒佛給會通了起來。這正是宋明

〔註35〕馮友蘭，《中國哲學史新編》第五冊〈自序〉，上海：上海人民出版社，1988，頁1～2。

〔註36〕馮友蘭，《三松堂自序》，北京：生活・讀書・新知三聯書店，2009，頁12。

〔註37〕馮友蘭，《三松堂自序》，頁15。

〔註38〕《馬一浮集・問學私記》（第三冊），頁1132。

〔註39〕《馬一浮集・問學私記》（第三冊），頁1144。

〔註40〕《馬一浮集・問學私記》（第三冊），頁1153。

以來，以「三教一心」為主流的會通思想的延續。

第二節　乖蹇坎坷人生之觸動

馬浮（1883～1967）〔註 41〕生於戰亂，身歷國破家亡的慘痛經驗，激發出強烈的文化使命感，以救亡圖存為己任〔註 42〕，在孜孜矻矻深造有成的中西學養下，奠定了他日後圓融會通的思想基礎。

一、生逢亂世，救亡圖存

馬浮，原名福田，浙江紹興上虞籍人氏，生於四川成都，卒於浙江杭州。及冠，因喪父、妻之慟，更名為浮，浮字乃取《莊子·刻意》：「其生若浮。」之義。又，於留美日記中字一佛。後，以《楞嚴經》：「如湛巨海，流浮漚，起滅無從。」之句義，改字一浮，號湛翁。晚年，則取《法華經》：「蠲除戲論」，以蠲戲齋名館，自署蠲叟、蠲戲老人等。〔註 43〕由此亦得以窺見，佛家對馬浮而言，終其一生之份量。

馬浮自幼聰慧，隨母啟蒙識字，過目成誦，鄉里有神童之譽。十一歲喪母後，〔註 44〕專靠自學，廣覽群籍，曾埋首於考據之學，十六歲遵父命參加縣試，名列榜首。時有鄉賢湯壽潛（後任中華民國浙江省第一任都督，交通總長）極力賞識，於是以長女妻之。

1899 年，馬浮 17 歲，時值戊戌變法不久，科舉已廢，西學漸至。為能直讀西方原著，於婚後未久隨即前往上海同文會堂學習英、法文、拉丁文，爾後亦通曉日、德、西班牙文。於上海求學期間，不幸之事接踵而至，其二姐、

〔註 41〕此節所述有關馬浮生平之紀年，皆引自丁敬涵編，〈馬一浮先生年譜〉，《馬一浮先生遺稿三編》（臺北：廣文書局，2002，頁 325～371），並以陳銳《馬一浮與現代中國》（北京：中國社會科學出版社，2007）為輔，藉以概述馬浮之生平事蹟，於後不一一加註。

〔註 42〕參見林佳榛，〈「萬理來尋獨立碑」──馬一浮遊學北美述略〉，吳光主編，《馬一浮思想新探──紀念馬一浮先生誕辰 125 週年暨國際學術研討會論文集》，頁 187～199。

〔註 43〕馬鏡泉、趙士華，《馬一浮評傳》，南昌：百花洲文藝出版社，1992，頁 9。

〔註 44〕1893 年馬浮母病劇，卒之前日，指庭前菊花命他作五律一首，限麻字韻。馬浮應聲而就，詩曰：「我愛陶元亮，東籬採菊花。枝枝傲霜雪，瓣瓣生雲霞。本是仙人種，移來處士家。晨餐秋更潔，不必羨胡麻。」其母聽後喜道：「兒將來不患無文，但詩乏煙火味，則少福澤耳。」

慈父、愛妻在幾年內相繼病逝。妻子過世之後，馬浮終身未娶。〔註45〕

　　二十歲與友人謝無量、馬君武等創辦《二十世紀翻譯世界》雜誌，譯介一系列西方哲學、社會學和文學著作。二十一歲赴美國聖路易斯留學生監督公署，擔任中文文牘工作，曾兼任萬國博覽會中國館秘書，並遊歷英倫三島和德、日。馬浮於業餘時間，飽讀西方文史、政經、法律、宗教、教育等專著。

　　1904 年元旦，馬浮思及國家民族的前途，滿腔熱血沸騰，在日記中悲憤地寫道：「嗟乎！二十世紀之第三年往矣，我慘黑可哀之死國白骨已朽，鷹犬饜肉矣！我居人國，人方驪熹歌蹈，以迎其蓬蓬勃勃之新運，我閉目內憶我國之悲境。……哀哉！可哭哉！吾不知二十世紀之第四年，乃至第五年，地理上、文字上、政治上尚有支那帝國之一名辭否乎？抑遂從此消滅乎？……嗟乎！我今日尚活也，不如死乎！」〔註46〕同年五月，離美赴日，從友人處，習日、德語。

　　1904 年底歸國後，住鎮江焦山海西庵，繼續從事西學研究。以英文翻譯了西班牙名著《唐‧吉訶德》，題為《稽先生傳》登於上海獨立周報；以日文翻譯意大利麥伽費爾所著的《政治罪惡論》，登於革命派機關報《民報》。

　　1906 年二十四歲起，治學重點轉向研究國學，寄居杭州外西湖廣化寺，廣讀「文瀾閣」《四庫全書》，三年之內竟。日後，窮居陋巷二十載，潛修治學，以探學術之大本，心性之精微。三十二歲於杭州成立「般若會」，組織居士團體，廣交方外之友，精研佛典，講述《大乘起信論》。〔註47〕他認為：「從本源上看，儒佛等是閒名，孔佛所證，只是一性。果能洞澈心源，得意忘象，則知千聖所歸，無不一致。」〔註48〕其後折返儒學，深研六經，他曾說：「先儒多出入二氏，歸而求之六經。佛老於窮理盡性之功，實資助發。」〔註49〕但又認為「踐形盡性在此而不在彼」〔註50〕。何以故？然，由此亦可見其內心隱微之衝突。

〔註45〕馬浮年三十三，岳父湯壽潛欲妻以其亡妻之妹，然其妹不幸病故，而未成行。見《馬一浮集‧詩輯佚》（第三冊），頁 780。

〔註46〕《馬一浮集‧一佛之北米居留記》（第二冊），頁 282。

〔註47〕陳星，《君子之交──弘一大師、豐子愷、夏丏尊、馬一浮交遊紀實》，臺北：讀冊文化公司，2000，頁 73。

〔註48〕見畢養賽主編，《中國當代理學大師馬一浮》，頁 165。轉引自劉夢溪主編，馬鏡泉編校，《中國現代學術經典‧馬一浮卷》，石家莊：河北教育出版社，1996，頁 42。

〔註49〕《馬一浮集‧書札》（第二冊），頁 830。

〔註50〕《馬一浮集‧爾雅臺答問續編卷四》（第一冊），頁 664。

1912 年，蔡元培爲教育總長，邀請馬浮任教育部秘書長，並於學校推行反孔廢經政策，馬浮力主經不可廢，到職不滿三週，遂而請辭；1916 年，蔡任北大校長時，又請馬浮爲文科學長，馬亦婉拒。馬浮弟子烏以風曾說：

> 先生目睹國事艱難，世道益苦，推求其根源，皆由於學術之大本未明，心性之精微難知，故欲挽狂瀾，轉移風氣，非自撥流俗，窮究玄微，不足以破邪顯正，起弊興衰。於是益加立志爲學，絕意仕進，遠謝時緣，閉門讀書。〔註51〕

當時，馬浮雖不出仕，然而從游者眾，與李叔同、夏丏尊等相交甚篤，〔註52〕與梁漱溟、熊十力等皆常往來。1937 年，蘆溝橋事變爆發之後，日軍進逼杭州，馬浮被迫避寇南遷。

二、板蕩流離，屈志難伸

1938 年，馬浮五十六歲，應浙大校長竺可楨之請，於浙大以大師名義講授國學，以張載「爲天地立心，爲生民立命，爲往聖繼絕學，爲萬世開太平」四句教爲宗旨，希望學生「樹起脊梁，猛著精彩，依此立志」〔註53〕，激勵學生的民族責任感和民族自信心；並講述「六藝統攝一切學術」的學說，以喚起青年對國學應有的重視，後輯成《泰和會語》。日軍進逼，又隨浙大內遷至廣西宜山，繼續講學，後輯成《宜山會語》。

次年，應國民黨政府邀請，入川創辦復性書院，歷時一年八個月而中止。後，「寓講習於刻書」，刻有《儒林典要》和《群經統類》，前者收宋明儒語錄，後者收宋明儒經學著作。六十五歲，鬻字集資刻書；六十六歲正式結束書院，亦結束其十年半講學刻書生涯。其復性書院雖以培養「禹稷材」〔註54〕爲職志，然因經費不濟與自主權受羈等問題，終告關門落鎖！事實上，無論是在浙大或是在復性書院講學，聽眾之反應，皆遠不如馬浮之預期。知音鮮矣！

〔註51〕見烏以風，《馬一浮先生學讚》（未正式出版）頁 2。引自滕復，《馬一浮思想研究》，頁 23。

〔註52〕參見陳星，《君子之交——弘一大師、豐子愷、夏丏尊、馬一浮交遊紀實》，頁 70。

〔註53〕《馬一浮集‧泰和宜山會語》（第一冊），頁 5。

〔註54〕見其創辦書院之前，話別浙江大學校長竺可楨之詩：「故國經年半草萊，瘴鄉千里歷崔嵬。地因有礙成高下，雲自無心任去來。丈室能容師子坐，蠶叢刀遣五丁開。苞桑若繫安危計，綿（或謂錦之誤）蕞應培禹稷材。」載於畢賽養主編，《中國當代理學大師馬一浮》，頁 74。

三、先尊後絀，與世長辭

　　1950 年後，馬浮長住杭州花港蔣莊。1952 年，上海市長陳毅造訪，「馬門立雨」〔註55〕，關照備至。次年，七十三歲，被聘爲浙江文史館館長，周恩來亦極禮遇之。馬浮晚年體弱多病，對儒學及馬克斯主義默而無言，著作以詩詞爲主，多爲述懷之作，恬淡寧靜，並多有禪意。〔註56〕

　　1966 年文化大革命，被紅衛兵掃地出門，趕出蔣莊，畢生收藏之古籍書畫、信函手稿、碑帖古玩部分被查抄沒收或當眾焚毀。次年春，病胃加劇，出血不止，終因年老體衰，與世長辭，享年八十五歲。〔註57〕

第三節　本章小結

　　馬浮儒佛會通思想的形成，固然受外在時代潮流之影響，在會通的方法上，多沿用舊有的方式，但他的六藝判教論，確屬前人所未發，實乃一大創舉。因此，歷來研究馬浮思想之學者，莫不以此爲主要依據來論斷馬浮的儒佛立場，終究是以儒家爲本位。然而，我們必須再前進一步，就馬浮個人的內在因素來看，其坎坷的人生際遇，亦造成他的內在衝突，如何消解其內在衝突，更是影響馬浮儒佛定位的重要關鍵。

　　馬浮一生幾經戰禍，家人早逝，命運乖桀，他嘗自認爲不祥之人。在面對國家民族的危難時，堅持閉門讀書，探求學術之本源，以指歸自心、切實篤行之道，來破邪顯正，起弊興衰。他的一生，不汲汲於功名，潔身自守、遇緣而會。若不是因爲時局動盪而避寇南遷，被迫出走而應邀講學、創辦書院，我們難以窺其思想之大全。但即使如此，馬浮的氣質是傳統做學問式的體悟與涵詠，並非現代學術的系統分析和理性建構，而隱歸山林才是他的本色所在。他的人格特質是幽隱的、涵融的，正如一株孤挺的秋菊！猶如他的學生所述：

　　　　先生自言，四歲就學，從何虛舟師讀唐詩，多成誦。師嘗問詩中最

〔註55〕 此指陳毅到訪，馬浮猶小憩未醒，陳於雨中等候之佳話。見陳銳，《馬一浮與現代中國》，頁280。
〔註56〕 參見劉夢溪，〈「花開正滿枝」——馬一浮的佛禪境界和方外諸友〉，《文藝研究》，2005 年第 7 期，頁 47～58。
〔註57〕 參見趙士華，〈馬一浮著述繫年〉，收入畢養賽主編，《中國當代理學大師馬一浮》，頁 268。

愛何句，脫口應曰：「茅屋訪孤僧。」師異之，以語先君云：「是子
其爲僧乎？」今年已耆艾，雖不爲僧，然實自同方外。當時甫四齡，
豈知此詩意味，然竟以此對者，過去生中習氣爲之也。〔註58〕

四歲乃稚童，如何會得「茅屋訪孤僧」之味？馬浮自認此乃過去世之習氣使
然。此箇中消息，不正透顯出其生命深層之內在底蘊麼？馬浮七十歲時，在
一次病癒之後，給友人蘇盦的信中寫道：

幸喜清恙已愈，唯省思慮、加餐飯，以義命自安耳。知諸境皆妄，
二六時中不依倚一物，當能廓然，所向無礙。《華嚴》教義明共業中
有別業，不壞不離，故五濁惡世不害如來。清淨法身，彼焉能浼我
哉。勿謂此語虛玄，乃是眞實義諦。在《易》亦曰：「履道坦坦，幽
人貞吉。」須深體斯意，自能不憂不懼也。〔註59〕

可見他在困頓時節，是以佛家「清淨法身」之眞實義諦自我安頓的。既明「諸
境皆妄」，又能以共業別業、幽人貞吉自解，所以不憂不懼。

馬浮在八十五歲即逝之前，有兩首詩作，亦足見其心之所宗。其一，爲
「十二等觀」：

視惡名與美諡等；視疾苦與受樂等；視怨害與親厚等；視國土與浮
漚等；視萬年與一念等；視辯智與愚癡等；視功業與夢幻等；視戰
爭與游戲等；視眾魔與諸聖等；視蘊界與虛空等；視生死與涅槃等；
視煩惱與菩提等。

如人能作如是觀，則於違順、苦樂境界，等無有異。隨在無礙，自
心受用。此般若解脫之門也。〔註60〕

生死即涅槃，煩惱即菩提，法法平等，自在一如。只有入般若解脫之門，始
得之！但，該如何尋個入處呢？且看其二，「舉香讚」：

眾心即聖人之心，是氣即天地之氣。只此一瓣心香，由來久遠，日
用不離。四夷所不能侵，窮劫而不可散。今日爇向鑪中，普熏天下，
求之昭明焄蒿，以表薪傳火繼。其運無乎不在，其體無乎不備。先
聖後聖，其道一揆。聞者直下承當，不聞者妄生同異。（自注：大眾
還聞否？）攝歸唯是一心，散之則爲六藝。現前潔靜精微，流出聰

〔註58〕《馬一浮集‧語錄類編‧詩學篇》（第三冊），頁1010。
〔註59〕《馬一浮集‧書札》（第二冊），頁1035。
〔註60〕《馬一浮集‧雜著‧其他》（第二冊），頁1262。

明睿智。〔註61〕

對馬浮而言，這一瓣心香，聖眾所同，一旦了悟，大用現前，非六藝者何？完全體現其終其一生思想之宗趣──「儒佛等是閒名，心性人所同具」。然而，心性雖所同具，異同如何具泯呢？他說：

> 儒佛老莊，等是閒名；生沒眞常，具爲贅說。達本則一性無虧，語用則千差競起。隨處作主，豈假安排。遇緣即宗，不妨施設。若乃得之象外，自能應乎寰中。故見立則矯亂紛陳，法空則異同具眠矣。〔註62〕

因此，只要建立起正確的見地，就能矯正各種眾說紛陳，而令異同皆能長久安息。此見地究竟爲何？「法空」是也。事實上，任何一個研究馬浮的學者，都不免看到這一點，然而各家解讀卻大不相同。

滕復認爲：「馬一浮儘管最終選擇了儒學，但從他以後的思想發展來看，他並沒有放棄他過去形成的博綜百家、觀其會通的主張……以佛證儒、融佛入儒是他學術上的一個最大特點，也可以說這一特點貫穿了他的全部思想著作之中。」〔註63〕滕復卻以爲這些都只是馬浮以佛證儒、融佛入儒的學術特點，卻仍未點明其所證爲何？

許寧雖認同李明友所指出的：「他將理學中的佛學成分揭示出來，又使理學更富有佛學色彩；如果說，宋明儒者通過融合佛學將儒學變成理學，馬一浮則是通過融合佛學使理學進一步佛學化。」〔註64〕又說：「馬一浮的理論貢獻在於他順應時代發展潮流，把握民族文化方向，在具體文本實踐中提出的『佛教詮釋學』。」〔註65〕如果馬浮在詮釋儒學時，單單只是「借用」佛教釋經的方法，即所謂的「佛教詮釋學」，那麼他在註釋老子時，卻何以也需「借用」佛家「緣起性空」之見以詮解之？因此，我們實在有足夠的理由向前推論：馬浮之本懷確乎是佛學，並以佛理遍釋一切見聞。而這當中，更引人深

〔註61〕《馬一浮集・雜著・其他》（第二冊），頁1262。
〔註62〕《馬浮學案・答曹子起三問》，收入《現代新儒家學案》上冊，北京：中國社會科學出版社，1995，頁694。
〔註63〕滕復，《馬一浮思想研究》，頁26。
〔註64〕許寧，《六藝圓融──馬一浮文化哲學研究》，頁251。
〔註65〕許寧指出：「馬一浮系統總結了佛學釋經規律，整理出語詞格義、六離合釋、句型解析、釋經程序、邏輯同值、框架融合、文本轉換、思維擬議等八種基本方法，爲傳統經學文本的時代闡釋提供了一種新的解讀視角。」見許寧，《六藝圓融──馬一浮文化哲學研究》，頁251～258。

思的是：他到底是出於自覺，還是不自覺？

　　陳銳進一步說：「儘管馬一浮的興趣開始轉向儒家的六經，也始終不等同於那種醇儒，在他的思想深處始終保留著那種佛道超越圓融的意境，他對儒學的論證也大多是站在佛教的神祕主義的立場上。」〔註66〕陳銳把在馬浮論著中常見到的人我二空，視爲一種意境，視爲神祕主義，卻未能闡發其中之奧義，因此，有賴於吾人更進一步地闡述與論證。

　　馬浮會通儒佛究竟是立基於何處，始終令人費解，以下茲就其儒佛會通之表現，於本體宇宙論、心性論、工夫論、六藝論等，一一探索其儒佛會通之本懷與幽微。

〔註66〕陳銳，《馬一浮儒學思想研究》，上海：上海古籍出版社，2010，頁34。

第二章　本體宇宙論——易即一真法界

　　馬浮的思想一向是儒佛交融的，他認為在「心性人所同具」之下，就一切指歸自己而言，於強調修心的立場上，儒佛並無不同。他說：

　　儒佛相非，禪義相薄，此皆臨機對治，一期藥病之言。心性無外，得其一，萬事畢，冥符默證，唯此一真。大用現前，不存軌則，豈名言所能域，將何名為義，何名為禪？世之紛然持異同者，不解古人機用之妙耳！〔註1〕

　　若進一步推究，馬浮認為儒佛在心性論上可以互通，那麼在本體宇宙論上，馬浮又是如何進行會通的呢？

　　杜保瑞在論及儒佛會通時，提出：

　　修心功夫是儒佛共同的問題，修心是作用在己心，此義通貫儒佛，因為成聖成佛皆須從心入路，但是聖佛境界畢竟不同，重點是，心法意旨何在？這就需要論究世界觀及形上思維了，一但論究心法內涵，那麼儒佛份際就出來了，心法內涵實際上決定於宇宙論與本體論，儒以經驗現實世界的仁義禮知為理想，佛以緣起無盡法界的空性實相為智慧，差異極大，所共同的，是功夫鍛鍊必用功於自家心體一義，此即功夫哲學的通式，實亦儒佛甚至是道家哲學體系中必涵的一個基本面向。然而，以功夫格式之相同以溝通儒佛固然可行，這也只是入手一路，至於最終欲達之境界，那仍然是天壤之別。〔註2〕

〔註1〕　《馬一浮集・序跋書啓》（第二冊），頁37～38。
〔註2〕　杜保瑞，〈蕅益智旭溝通儒佛的方法論探究〉，《哲學與文化月刊》349，2003年6月，頁79～96。

馬浮論儒佛，雖偏重於心性論的立場，以求其統類，但在宇宙論中，他是否認同「儒以經驗現實世界的仁義禮知為理想，佛以緣起無盡法界的空性實相為智慧，差異極大」而無法會通呢？以下，我們將論析馬浮在本體宇宙論上會通儒佛之殊見。

第一節　易與法界

一、易即一真法界

何謂一真法界？〔唐〕宗密在《註華嚴法界觀門》中〔法界〕註云：

> 清涼新經疏云：「統唯一真法界，謂總該萬有，即是一心。然心融萬有，便成四種法界：一、事法界：界是分義，一一差別，有分齊故。二、理法界：界是性義，無盡事法，同一性故。三、理事無礙法界：具性分義，性分無礙故。四、事事無礙法界：一切分齊事法，一一如性融通，重重無盡故。」〔註3〕

澄觀和宗密乃以「一心」來總該一真法界。此外，〔清〕書玉述，《梵網經菩薩戒初津》中云：

> 一真法界：離二曰一，不妄曰真。交徹融攝，故曰法界。即是諸佛平等法身。從本以來，不生不滅。非空非有，離名離相，無內無外，惟一真實，不可思議故。〔註4〕

此則是就「法身」言一真法界。然而，無論是「一心」或是「法身」，在馬浮常用的義理名相中，更是屢屢出現。

馬浮早年深探義海，他實以《易》和佛理互攝，來建構其本體宇宙論。他曾經說過：

> 吾嘗謂《華嚴》之義通於《易》，非極深研幾不足以知之。〔註5〕

《易》、佛互通由來久遠，馬浮自言：「《肇論》云：『道遠乎哉，觸事而真；聖遠乎哉，體之即神。』肇公直是深於《易》者。」〔註6〕唐代李通玄（635～730）之《華嚴經論》，乃是以《易》解《華嚴》的代表作，特別是用艮卦來詮解《華

〔註3〕　見〔唐〕宗密註，《註華嚴法界觀門》卷1（CBETA T45n1884_p0684b24-c01）。
〔註4〕　見〔清〕書玉述，《梵網經菩薩戒初津》卷1（CBETA X39n0700_p0078b08-b10）。
〔註5〕　《馬一浮集・書札》（第二冊），頁875。
〔註6〕　《馬一浮集・復性書院講錄第二卷・易教下》（第一冊），頁186。

嚴》。隨後，歷代易家參禪與禪家參易的史實，比比皆是。〔註7〕馬浮的《易》、佛互攝，其來有自。就《易》與《華嚴》「法界」的關係，他指出：

> 《華嚴》「法界」之名與《易》義相準。〔註8〕

華嚴宗以《華嚴經》爲宗經，以法界緣起、一多相即、圓融無礙、重重無盡境界來闡明其「一乘圓教」的終趣，其觀法以法界觀爲主。華嚴初祖杜順的《華嚴法界觀門》〔註9〕，提出三重觀修法門。其一爲眞空觀。依理法界而立，觀察一切諸法的本性即空，然此空非斷滅之空，亦非離色之空，即有明空，其空亦無空相，故名眞空，然因未顯眞如之妙用，故唯是眞空觀門。其二爲理事無礙觀。依理事無礙法界而立，進而觀察諸法事與眞如理，炳然雙融。其三爲周遍含容觀。依事事無礙法界而立，以眞如理融諸法事，事則無礙，一一事皆如理融，遍攝無礙，交參自在。理含萬德，無可同喻，略如虛空二義，謂溥徧含容，名之曰周遍含容觀。此三但是一道豎窮，展轉玄妙，非初觀外別有二三，既不旁橫，故云三重。〔註10〕馬浮認爲：

> 《易》之名書，本取變易爲義。聖人觀於此變易之象，而知其爲不
> 易之理，又有以得其簡易之用。故鄭氏以三義說之，爲能得其旨也。
> （自注：唐釋杜順作《華嚴法界觀門》，〔註11〕實與三易之旨冥符。
> 眞空觀，當不易義。理事無礙觀，當變易義。周遍含容觀，當簡易

〔註7〕　見王仲堯，《中國佛教與周易》，臺北：大展出版社，2003，頁272～480。

〔註8〕　《馬一浮集·復性書院講錄第六卷·觀象巵言》（第一冊），頁423。

〔註9〕　原文僅見於澄觀與宗密的註解本，然二者所引有些許差異，此處乃用澄觀所引之杜順原文。〔唐〕澄觀述，《華嚴法界玄鏡》卷1（CBETA T45n1883_p0672c20-c28）：「觀曰：眞空觀第一，理事無礙觀第二，周遍含容觀第三。釋曰：此列三名，眞空則理法界，二如本名，三則事事無礙法界。言眞空者，非斷滅空，非離色空，即有明空。亦無空相，故名眞空，如文具之。二理事無礙者，理無形相，全在相中；互奪存亡，故云無礙，亦如文具。三周遍含容者，事本相礙，大小等殊；理本包遍，如空無礙。以理融事，全事如理，乃至塵毛，皆具包遍。」

〔註10〕黃懺華，《佛教各宗大意·第三輯第二種·華嚴宗大意》，臺北：新文豐出版公司，1973，頁37。

〔註11〕杜順《華嚴法界觀門》之原文，今未見單行流通本。方東美在《華嚴宗哲學》（上）（臺北：黎明文化出版社，1989，頁466）中提到：「假若不是華嚴宗的第四代同第五代的宗師，對於這一篇文章來加以註解的話，也許這一篇大文章也早就給埋沒掉了。幸好澄觀大師有《華嚴法界玄鏡》，宗密大師有《註華嚴法界觀門》，我們可以說藉看這兩個註，才把原文保留下來，否則幾乎連原文也都喪失掉了。」

義。易即一真法界也。）〔註12〕

真空觀即是透過觀察繁複的現象界，來體悟萬事萬物真如空性的本質，馬浮以《易》之「不易」當之。真如理體與森羅事象同時成立，互不妨礙，此即理事無礙觀，馬浮當之以「變易」。一理「周遍」萬事，一事「含容」眾理，故而理隨事見，事隨理融，一多無礙，大小相合，馬浮以《易》之「簡易」義當之。因此，以三觀配三易，馬浮認為「易即一真法界也」。然而，馬浮所謂之「冥符」、「即」，僅止於儒佛概念名相之相互比附嗎？事實上，馬浮用字一向精準，字字斟酌，此「即」字於段落中，且置於「冥符」之後，顯然非惟類比，實乃「就是」也。

（一）生生之謂易

然而，華嚴法界三觀之中，真空觀所觀者即諸法性空之理，馬浮若以「不易」當之，是否表示《易》之三易亦是建立在諸法性空之上，終臻法界緣起之圓融無礙？馬浮說：

> 「天地之大德曰生」，又曰「生生之謂易，成象之謂乾，效法之謂坤。」何謂也？曰：本隱以之顯曰生……謂之生者，雙離斷常故，蓋常則不生，（自注：既常矣，又何生焉？）斷亦不生。（既斷則不更生。）消息盈虛，天行也，變易故非常：天地之道，恆久而不已也，不易故非斷：以是二義，故「生」義得成……就其隱者言之，則謂之寂；就其顯者言之，則謂之生。成象之謂乾，效法之謂坤，理之顯者也。故曰「乾坤毀則無以見《易》」，「生生之謂易」，則於顯中見隱，於氣中見理，於變易中見不易。夫然後「至賾而不可惡，至動而不可亂」，而易簡之理得矣。〔註13〕

易即生生不息也。馬浮以「變易故非常」、「不易故非斷」之雙離斷、常，來論證天地萬物之「生義得成」。天地運行之消亡生息、盈盛虧虛，變化無常，故知天地非永恆不變，因為如果是獨立恆常不變，就會是同一個樣貌，而沒有生成變化。同樣地，天地周行之道，恆常而不停止，是以並非斷滅，因為如果完全斷滅了，就再也不會生起。此所言之「生」，乃理的顯現。他以顯、隱和生、寂對舉，來說明生之為顯、寂之為隱，因此，於顯中見隱，於氣中

〔註12〕《馬一浮集·復性書院講錄第六卷·觀象卮言》（第一冊），頁427。
〔註13〕《馬一浮集·復性書院講錄第六卷·觀象卮言》（第一冊），頁471。

見理，於變易中見不易，即是於生中見寂，此即是易簡。然而，馬浮所言之
「寂」，即是「隱」、「理」、「不易」，那究竟爲何？他也說道：

> 世人迷執心外有物，故見物而不見心，不知物者是心所生，即心之
> 象。汝若無心，安得有物？或若難言「人死無知，是心已滅而物現
> 在」，此人雙墮斷、常二過，心滅是斷，物在是常。不知心本無常，
> 物亦不住。前念滅已，後念續生，方死方生，豈待命斷？是汝妄心
> 自爲起滅。智者觀之，一切諸法以緣生，故皆是無常，是名變易。
> 而汝眞心能照諸緣，不從緣有，靈光獨耀，迥脫根塵，緣起不生，
> 緣離不滅，諸無常法於中顯現，猶如明鏡，物來即照，物去仍存，
> 是名不易。離此不易之心，亦無一切變易之物。喻如無鏡，象亦不
> 生。是知變易故非常，不易故非斷，非常非斷，簡易明矣。〔註14〕

> 《易》言「寂」、「感」，寂謂眞常絕待，故非斷；感謂緣起無礙，故
> 非常。喻如鏡體不動而能現諸相，諸相無常而鏡體自若。凡夫謬見，
> 以寂爲斷，以無常爲常，眞顛倒見也。〔註15〕

換言之，變易是指一切現象乃因緣所生，故無常而非常；然此不易眞心則非
依緣而生之妄心，猶如明鏡，物來即照，物去仍存，故知非斷，知此非常非
斷之見，即是簡易。由此可見，馬浮論證斷、常，乃以佛家之緣起法爲依據；
而《易》之「寂」、「感」爲不易與變易，亦分屬眞常絕待與緣起無礙。諸法
依緣而生，遂皆無常。而眞常絕待之緣起無礙〔註16〕，乃佛之果德所顯，則
是華嚴圓教所言之無盡法界。然此緣起法，內蘊無自性、空、無生之性空之
理，豈不和「生生之謂易」相互捍格？馬浮指出：

> 佛氏言諸法不自生、不他生、不共生、不無因生，是故說緣生。緣
> 生之法，生則有滅。生唯緣生，滅唯緣滅，故彼之言生乃仗緣託境，
> 無自體性。《易》之言生則唯是實理，故不可以生爲幻。此與佛氏顯
> 然不同。然不常、不斷義則甚諦，故不得遺之。漢儒說性者生之質，
> 只見得氣質之性，若改作生之理則是也。佛氏實能見性，然其說生

〔註14〕《馬一浮集‧復性書院講錄第六卷‧觀象卮言》（第一冊），頁436。
〔註15〕《馬一浮集‧復性書院講錄第六卷‧觀象卮言》（第一冊），頁436。
〔註16〕〔唐〕法藏述，《華嚴經探玄記》卷1（CBETA T35n1733_p0116a06-a09）:「五、
　　　　圓教中所說，唯是無盡法界。性海圓融，緣起無礙，相即相入。如因陀羅網，
　　　　重重無際，微細相容，主伴無盡。十十法門，各稱法界。」

多是遮詮，故不可盡用。《易》教唯用表詮，不用遮詮。學者當知遮
則以生為過答，表則顯其唯是一真也。〔註17〕

此段文字乍看之下，似乎是在論斷《易》教為是、佛氏為非，其實不然。在
馬浮看來，儒佛兩家皆同於見性，但有表詮與遮詮之別。因遮詮，故說諸法
緣生、無自性；因表詮，故顯唯是一真。二者只是角度不同，一破一立，表
達方式有別而已。更何況馬浮說「多是遮詮」，而非「全皆遮詮」，可見佛氏
還是有「表詮」之立論，況且亦「直顯真性」。重點是，他何以重在表詮，卻
強調「不常、不斷義則甚諦，故不得遣之」？馬浮嘗言：

余游心大乘，篤好般若。〔註18〕

何謂般若？馬浮說道：

俗人每以「入寶山空手回」為譏人語，實大誤。不知圓滿菩提，歸
無所得，此乃真般若義也。〔註19〕

般若即無所得也。如《般若心經》所言：「觀自在菩薩，行深般若波羅蜜多時，
照見五蘊皆空，度一切苦厄！色不異空，空不異色，色即是空，空即是色，
是諸法空相……無智，亦無得，以無所得故……」〔註20〕般若是了悟諸法性
空的智慧，《大智度論》說：「諸法性空，但名字；因緣和合，故有。」〔註21〕
般若觀照下的諸法，即性空唯名，緣生故有，然終究是畢竟空，此即諸法實
相。考諸般若類之經論，可知諸法性空之理，不以遮詮之法，著實難以窮究。
馬浮指出：

凡說經義需會遮、表二詮。遮是遣非蕩執，如言不常、不斷、不一、
不異等。表乃顯德正名，如中正、仁義、賢聖等。二氏意存破相，
多用遮詮。六經唯是顯性，多用表詮。設卦觀象皆表詮也……又《易》
言無方、無體、無思、無為，亦是遮詮。〔註22〕

遮、表二詮是講說經義常用的兩種表達方式，一為破相遣執，故用否定句；
一為顯性正名，故用肯定句。《易》雖以表詮為主，亦有遮詮，如無方、無體、

〔註17〕《馬一浮集‧復性書院講錄第六卷‧觀象卮言》（第一冊），頁475～476。
〔註18〕《馬一浮集‧序跋書啓》（第二冊），頁117。
〔註19〕《馬一浮集‧雜著‧其他》（第二冊），頁1237。
〔註20〕〔唐〕玄奘譯，《般若波羅蜜多心經》（CBETA T08n0251_p0848c08-c15）。
〔註21〕龍樹菩薩造，〔後秦〕鳩摩羅什譯，《大智度論》卷43（CBETA
　　　　T25n1509_p0326b24-b25）。
〔註22〕《馬一浮集‧復性書院講錄第六卷‧觀象卮言》（第一冊），頁481。

無思、無爲等；佛氏雖多用遮詮，亦不乏表詮，如「圓頓教義，唯顯眞常」。
〔註23〕然而，何謂「緣起性空」？馬浮直言：

> 欲明此義，須究大乘般若方等諸經論，至約亦須明三論，（自注：《十
> 二門論》、《中論》、《百論》）。今只能略舉其一端。〔註24〕

可見他的般若學是站在龍樹中觀的立場。緊接著，他引《肇論》加以說明：

> 《肇論》云：「一切諸法，緣會而生。緣會而生，則未生無有，緣離
> 則減。如其眞有，有則無減，以此而推，故知（今）雖〔今〕現有，
> 有而性常自空。」〔註25〕此謂諸法從緣故不有，緣起故不無也。《十
> 二門論》云：「眾緣所生法，即是無自性，若無自性者，云何有是法？
> 〔註26〕」〔註27〕

由於一切現象都是來自眾多因緣條件組合而成，所以非實際存有；正因爲由
眾緣所產生的緣故，而歷歷在目，故非虛無。由此可知，並沒有任何現象是
可不依諸緣而獨立自存的實體，所以說依賴各種條件因素所生起的各種現
象，都是沒有自性的。這就是緣起性空、諸法無自性之理。

因此，透過緣起深觀，得以照見無常、無我、空性。正如印順所揭示的：

> 不僅《阿含經》如此，大乘經論的精髓，也還是以緣起爲宗本的。《法
> 華經》的「無性，從緣起」〔註28〕，「是法住法位」〔註29〕。《般若
> 經》的「菩薩座道場時，觀十二因緣如虛空不可盡」。〔註30〕《解深

〔註23〕《馬一浮集・復性書院講錄第六卷・觀象巵言》（第一冊），頁488：「佛氏名
　　　　心則眞妄迢然，學者未析名相，往往迷亂，一往斥破，則以心爲約法，先儒
　　　　所以非之。若其圓頓教義，唯顯眞常，故不得而異之也。此亦學者所當知。」
〔註24〕《馬一浮集・泰和宜山會語》（第一冊），頁94。
〔註25〕見〔後秦〕僧肇作，《肇論》（CBETA T45n1858_p0150c15），原作：「一切諸
　　　　法，緣會而生。緣會而生，則未生無有，緣離則減。如其眞有，有則無減，
　　　　以此而推，故知雖今現有，有而性常自空。性常自空，故謂之性空。性空故，
　　　　故曰法性。法性如是，故曰實相。」
〔註26〕見龍樹菩薩造，〔後秦〕鳩摩羅什譯，《十二門論》（CBETA
　　　　T30n1568_p0159c26），原作：「眾緣所生法，是即無自性，若無自性者，云何
　　　　有是法？」
〔註27〕《馬一浮集・復性書院講錄第六卷・觀象巵言》（第一冊），頁436。
〔註28〕〔姚秦〕鳩摩羅什譯，《妙法蓮華經》卷1（CBETA T09n0262_p0009b08-09）。
　　　　原作：「諸佛兩足尊，知法常無性，佛種從緣起，是故說一乘。」
〔註29〕〔姚秦〕鳩摩羅什譯，《妙法蓮華經》卷1（CBETA T09n0262_p0009b10）。原
　　　　作：「是法住法位，世間相常住。」
〔註30〕〔唐〕玄奘譯，《大般若波羅蜜多經》卷348（CBETA T06n0220_p0787b20-b21）

密經》的以緣起因果爲依他起，做爲染淨迷悟的所依。這些大乘經，都是以緣起爲宗要的。大乘論方面，也大抵如此。特別是龍樹菩薩的開示性空的緣起，反覆的讚揚緣起，說它是佛法的究竟心要。《中觀論》的八不頌是如此，《六十如理論》〔註31〕也說：「爲應以何法，能斷諸生滅？敬禮釋迦尊，宣說諸緣起！」《七十空論》〔註32〕也說：「以諸法性空，故佛說諸法，皆從因緣起，勝義唯如是。」從三乘聖者的自證方面看，從佛陀的言教方面看，從大乘論典方面看，處處都足以證實緣起是佛法的心要。〔註33〕

故知，緣起法是三乘共法。馬浮自是深知，遂言：

三乘等觀性空而得道。〔註34〕

三乘即聲聞乘、緣覺乘與菩薩乘，這三者都是以了悟緣起而證得解脫的。釋尊說法或淺或深，因人而異，契乎眾生不同根機。正因釋尊的應機說法，在理論與實踐上各具方便，因此後代學派對緣起三法印的發揮各有所側重，故有「唯識」（無常）、「性空」（無我）、「眞常」（涅槃）三系的開展。〔註35〕然而，馬浮雖指出性空爲三乘所共證，但也說：「故在佛氏則必悟一眞法界，而後知空宗之爲權說。」〔註36〕因此，他始終是站在眞常佛性的圓教立場。在《觀象卮言》中，馬浮說明聖人作《易》的緣由：

《說卦傳》曰：「昔者聖人之作《易》也，將以順性命之理……」……

故又曰：「窮理盡性以至於命」，此《易》之所爲作也。〔註37〕

中作：「諸菩薩摩訶薩處菩提座，如實觀察十二緣起，猶如虛空不可盡故，速能證得一切智智。」又，〔後秦〕鳩摩羅什譯，《小品般若波羅蜜經》卷9（CBETA T08n0227_p0578c24-c27）中作：「須菩提！菩薩坐道場時，如是觀十二因緣，離於二邊，是爲菩薩不共之法。若菩薩如是觀因緣法，不墮聲聞、辟支佛地，疾近薩婆若，必得阿耨多羅三藐三菩提。」

〔註31〕《六十如理論》，應作《六十頌如理論》，龍樹菩薩造，宋施護譯。印順所引文未見於其中，不知何據？

〔註32〕《七十空論》應作《七十空性論》，龍樹菩薩造，民國初年由法尊依藏文本譯出。現有龍樹造，法尊譯，弘悲科攝之《七十空性論科攝》，收入藍吉富主編，《大藏經補編》（經號032，冊號9，頁89，臺北：華宇出版社，1985），原作：「以此一切法，皆是自性空，故佛說諸法，皆從因緣起。勝義唯如是……」

〔註33〕釋印順，《唯識學探源》，臺北：正聞出版社，1992，頁9。

〔註34〕《馬一浮集·書札》（第二冊），頁526。

〔註35〕釋印順，《唯識學探源》，頁43～44。

〔註36〕《馬一浮集·復性書院講錄第二卷·玄言與實理之別》（第一冊），頁158。

〔註37〕《馬一浮集·復性書院講錄第六卷·觀象卮言》（第一冊），頁425。

聖人作《易》乃是稱性稱理，非假安排。《繫辭傳》曰：「《易》有太
極，是生兩儀。兩儀生四象。四象生八卦。八卦定吉凶。吉凶生大
業。」當知言「有」者，謂法爾如然，非是執有；言「生」者，謂
依性起相，非是沈空。從緣顯現故謂生，乃不生而生；遍與諸法爲
體故謂有，乃不有而有。〔註38〕

聖人作《易》乃爲窮理盡性，以順性命之理。雖言生、言有，卻是依性起相，
法爾如然，既不執於常有，也不墮入沈空。因此，在馬浮眼中，就圓教之見，
「生生之謂易」和緣起法並不相悖！是故此生乃不生而生，依緣而生；此有
乃不有而有，法爾如是。

（二）太極即一眞法界

《繫辭傳》曰：「《易》有太極，是生兩儀。兩儀生四象。四象生八卦。
八卦定吉凶。吉凶生大業。」因此，《易》與太極之關係爲何？馬浮認爲：

《易》即是明此太極以下之理耳，非謂《易》之下有一太極。猶無
極而太極，不是說太極之上更有一無極也。《易》與太極總是假名。
一切名言施設皆不得已，執即成礙，故言「生」言「有」皆須活看。
〔註39〕

《易》與太極並非生成關係，《易》是爲了說明太極以下的兩儀、四象、八卦
等之理。由於一切名言的設立都是不得已的，若執著於名言，則易成障礙。
所以，凡是提到「生」或「有」，都必須特別注意，要活看。馬浮指出：

《易》言三才，又言三極。才者，物之初生也。極者，物之終際也。
是謂原始反終，故知死生之說。又極言其體之寂，才言其用之神，
三才之道，總爲太極，故《洪範》曰「會其有極，歸其有極」也。
在佛氏則謂一眞法界，以名言不同，遂生異義，善思可得……朱子
謂儒家本天，釋氏本心。本天者，謂理之所從出也；本心者，謂法
之所由生也。知天爲一眞法界，則何異之有？〔註40〕

程子曰：「人即天，天即人。言天人合者，猶剩一合字。」方爲究竟
了義。是義唯佛氏言一眞法界分齊相當。〔註41〕

〔註38〕《馬一浮集‧復性書院講錄第六卷‧觀象卮言》（第一冊），頁425。
〔註39〕《馬一浮集‧復性書院講錄第六卷‧觀象卮言》（第一冊），頁429。
〔註40〕《馬一浮集‧復性書院講錄第三卷‧孝經大義‧釋三才》（第一冊），頁242。
〔註41〕《馬一浮集‧復性書院講錄第三卷‧孝經大義‧釋三才》（第一冊），頁243。

程子謂天即人，人即天。「合」亦是剩字。〔註42〕

天人本一，加一個「合」字是多餘的。極爲體之寂，才即用之神，故三才之道，總爲太極，乃攝用歸體，所以說「會其有極，歸其有極」。馬浮認爲無論言易、太極、天、一眞法界，皆同一理，只有名言上的差別，就實質的內涵來說，並無不同。因此，太極即是一眞法界，天亦是一眞法界。賴永海認爲宋儒對於「天」的看法，有別於傳統儒學，它同「理」、「心性」名異而實同，亦即天道、心性本是一體，都是理（或於心）的體現，在天日天理，在人爲心性。這正是受了佛教本體思惟模式及其「返本歸極」修行方法的影響。〔註43〕正如馬浮所說的：「朱子謂儒家本天，釋氏本心。本天者，謂理之所從出也；本心者，謂法之所由生也。」然而，馬浮繼續說：「知天爲一眞法界，則何異之有？」這卻是宋明儒所未曾道的。可見在馬浮心目中，「一眞法界」地位之顯著。

二、一眞法界與皇極

馬浮在《復性書院講錄第五卷・洪範約義・別釋皇極》中，開宗明義地說：

> 別釋第五。此標心德之總名，示盡性之極則也，皇爲大君之稱。極者，至德之號。皇以表人，極以表法……斯名之立，所以顯大法之本原、聖人之妙用，「範圍天地而不過，曲成萬物而不遺」，所謂總該萬法，不出一心也。曰「皇極」者，以表君德即天德也。天人合德，理絕名言，強名之曰「皇極」耳。在《易》曰「太極」，曰「乾元」、「坤元」；在《禮運》曰「太一」；在《春秋》義爲「五始之元」，爲「王心」；在《詩》則通於「四始」；在《大學》則曰「至善」，曰「絜矩之道」；在《中庸》則曰「至誠」、曰「大本達道」；在《孝經》則曰「至德要道」；在《論語》則曰「吾道一以貫之」，曰「從心所欲，不踰矩」；在《孟子》則曰「性善」、曰「盡心」、「知性」、「知天」；堯命舜之言則曰「道心」；周子本《易》與《洪範》而作《太極圖說》，則曰「人極」：一切表詮，雖有多名，其能詮之體，所詮

此中標點原作：「程子曰：『人即天，天即人。言天人合者，猶剩一合字，方爲究竟了義。』」今易之如上。

〔註42〕《馬一浮集・爾雅臺答問續編卷三》（第一冊），頁646。

〔註43〕賴永海，〈儒佛之異同及其相互影響〉，《圓光佛學學報創刊號》，1993年12月，頁292～232。

之相，總其會歸，唯是「皇極」一義。即此本來具足，當人圓證之全體大用也。（自注：以佛義言之，則曰「眞如」，曰「佛性」，曰「法身」，曰「一眞法界」，曰「如來藏心」，曰「圓覺」，並是顯此一理。迷則異執紛然，悟則忘言頓證。今不惜口過，不避訕謗，直爲抉出，明者自知。）〔註44〕

他認爲在儒家四書、五經以及孝經之中，一切表詮的名言文字，無論是太極、乾元、坤元、太一、五始之元、王心、四始、至善、絜矩之道、至誠、大本達道、至德要道、吾道一以貫之、從心所欲不踰矩、性善、盡心、知性、知天、道心、人極等都可以會歸於「皇極」。「皇極」指的就是人人本來具足，一旦圓證所現之全體大用。因此，就佛義言之，「皇極」，亦即「眞如」、「佛性」、「法身」、「一眞法界」、「如來藏心」、「圓覺」等。換言之，儒家「皇極」即佛家之「一眞法界」也。然而，他何以要說「不惜口過，不避訕謗，直爲抉出」呢？難道這是眾所認可，卻不敢直說的話嗎？或此乃馬浮體究自性後之確然領悟，卻深怕不爲世人所苟同？顯而易見地，馬浮此語實是發乎自覺！

（一）皇極即事事無礙法界

馬浮指出皇極與太極之別，他說：

太極只是一個實理之假名，所以明萬事萬物同出於一原，同歸於一致。只此太極遍與萬物，爲體爲用，爲色爲心，爲氣爲質，爲知爲能，而無或可遺，無有或間者也。皇極則是表此實理之在人者。極即是實理，與太極之義全同，但加皇字，則是指證此實理之人，故與《易》言「太極」、《禮》言「太一」者初無不同。其不同者，此兼人法，彼則專表法耳。〔註45〕

太極是理是法，遍一切處，無論是體用、色心、氣質、知能等，無不賅備於太極。皇極則是人法並彰，指的是實證此理之人。而「太極不可言用，皇極則言用者；太極唯是顯體，皇極則即體以明用也。」〔註46〕也就是說：

以佛義言之，皇極是事事無礙法界。愛憎取捨情盡，則無漏眞智現前，是即「無有作好」，「無有作惡」。然後莊嚴萬行，大用繁興，無不從

〔註44〕《馬一浮集・復性書院講錄第五卷・洪範約義・別釋皇極》（第一冊），頁369～370。

〔註45〕《馬一浮集・復性書院講錄第五卷・洪範約義・別釋皇極》（第一冊），頁374。

〔註46〕《馬一浮集・復性書院講錄第五卷・洪範約義・別釋皇極》（第一冊），頁370。

　　此法界流，無不還歸此法界，即「會其有極，歸其有極」也。〔註47〕一旦無漏眞智現起，則情識分別頓消，即現證無分別，然後大用現前，乃爲事事無礙法界。至此，即顯萬法互相攝盡，事事互相融即，重重無盡，無礙自在。遂言莊嚴萬行，大用繁興。因此，一切無不從此法界流出，亦無不歸還此法界。事事無礙法界是華嚴宗闡發的圓教境界，馬浮以之爲儒家皇極之義，實是認爲二者相當也。皇極和太極之別，在於前者乃「即體以明用」，太極則純是理而不可言用。

　　馬浮此說與明代蕅益智旭禪師（1599～1655）在《周易禪解》中所言實相彷彿，他說：「佛性常住之理，名爲乾元。無一法不從此法界而始，無一法不由此法界而建立生長，亦無有一法而不即以此法界爲其性情。所以佛性常住之理，遍能出生成就百界千如之法，而實無能生、所生，能利、所利。以要言之，即不變而隨緣，即隨緣而不變。」〔註48〕然而，被視爲一代儒者的馬浮，自言「不避訕謗，直爲抉出」，這是何等痛快！何等勇氣！

　　馬浮早年縱橫義海，於各大教派宗門，無不熟稔。天台智顗（538～597）亦曾在《摩訶止觀》中論《易》，他說：「《易》判八卦，陰陽吉凶，此約有明玄。」〔註49〕他認爲《易》是從「有」的角度，透過陰陽八卦等具體、現實之事物，來把握眞如，而達到涅槃佛性。馬浮論《易》，亦力揚表詮之道，又直揭眞如、佛性、一眞法界，實與智顗「約有明玄」之說，暗相冥符。

（二）世界爲幻乎

　　然而，儒佛於宇宙生成之見，是否有根本上的差異呢？馬浮指出：

> 《楞嚴》：「富樓羅問：『清淨本然，云何忽生山河大地？』」因說三種相續，一世界，二眾生，三業果。總由妄爲明覺，因明立所……以是因緣，世界相續。此言世界安立生起次第，亦略如《易》象先有雷風，後有水火，後有山澤。但彼言妄明生所，則世界爲幻；此言一氣成化，則萬物全眞。此爲儒佛不同處，《正蒙》闢此最力，學者當知。〔註50〕

〔註47〕　《馬一浮集‧復性書院講錄第五卷‧洪範約義‧別釋皇極》（第一冊），頁372。

〔註48〕　〔明〕智旭，《周易禪解》卷1，《嘉興大藏經》第二十冊（台北版電子佛典集成 B096J20nB096_p0400a04-a09）。

〔註49〕　〔隋〕智顗説，《摩訶止觀》卷10（CBETA T46n1911_p0135a16）。

〔註50〕　《馬一浮集‧復性書院講錄第三卷‧孝經大義‧釋三才》（第一冊），頁246。

馬浮認爲儒佛不同之處在於，佛家言世界之所以安立，是由於眞如覺性本來
清淨，卻因一時無明現起，故而幻現出種種山河大地之世界，因此視世界爲
幻；儒家則認爲世界乃一氣所化成，是氣化的世界，所以萬事萬物皆眞非幻。
我們知道，《楞嚴》此處所言之世界相續，只是佛法緣起觀中之業感緣起，遂
言世界乃無明所幻現。若論法界緣起，則爲以一法成一切法，以一切法起一
法之重重無盡世界，法爾如是、離於眞妄。法界緣起，正是《華嚴》圓教立
論的根本，亦爲馬浮所宗。然而，《正蒙》闢此業感緣起之「世界爲幻」，正
是因爲儒家重視現實人生之用，故而不得以之爲幻。再則，就張載之見，他
將佛家「世界爲幻」之幻，誤解爲虛無、斷滅，乃「空無一物」，然而，這恰
好是佛家所要破斥的斷見。〔註51〕佛家言幻，旨在說明諸法無自性，並應離
此執實之執，實非否定現象界的各種顯現。馬浮雖指出儒佛之不同處，乃在
於立場之別異，然其個人的取向又究竟爲何？

　　以下，我們即將探究馬浮的理氣觀。

第二節　理氣觀

　　綜上所論，馬浮認爲易、太極、皇極、法界、眞如、佛性等，只是名言
上的差別，然其所指稱之「理」則無不同。又認爲，《易》是一切義理之所從
出，亦爲一切義理之所宗歸。因此，首先就三易論理氣。他說：

> 易有三義：一變易，二不易，三簡易。學者當知氣是變易，理是不
> 易。全氣是理，全理是氣，即是簡易。只明變易，易墮斷見。只明
> 不易，易墮常見。須知，變易原是不易，不易即在變易。雙離斷常
> 二見，名爲正見，此即簡易也。〔註52〕

馬浮指出氣是變易，理是不易，「全氣是理，全理是氣」是簡易。只知氣（而
不知理）易墮斷見，只知理（而不知氣）易墮常見，要知道，氣原是理，理
即在氣中。故知「全氣是理，全理是氣」即理氣合一，才能離於斷見、常見，
方爲正見，這就是簡易。其旨乃在說明理氣是一體的，不能把理氣分開來看。

　　　此中標點原作：「《楞嚴》：『富樓羅問清淨本然：「云何忽生山河大地？」』」，
　　　顯然有誤，應作：「《楞嚴》：『富樓羅問：「清淨本然，云何忽生山河大地？」』」
〔註51〕李承貴，〈宋代儒士對佛教的解讀及其方法上的困局〉，《江西社會科學》，2004
　　　年7期，頁67。
〔註52〕《馬一浮集・泰和宜山會語》（第一冊），頁38。

一、理氣合一

（一）太極與理氣

理氣既不可分，理氣與《易》之太極的關係又如何？馬浮說：

> 《繫辭傳》曰：「《易》有太極，是生兩儀。兩儀生四象。四象生八卦。八卦定吉凶。吉凶生大業。」當知言「有」者，謂法爾如然，非是執有；言「生」者，謂依性起相，非是沈空。從緣顯現故謂生，乃不生而生；遍與諸法為體故謂有，乃不有而有。太極者，一理至極之名；兩儀者，二氣初分之號。一理不可見，於二氣見之。〔註53〕

故知，太極即是理，兩儀乃依太極從緣顯現而初分陰陽二氣之名號，由兩儀緣生出四象，再由四象至八卦，一路派衍而行。然而，理無法直接得見，必須透過陰陽二氣才能見察。又說：

> 天地人物本是一性，換言之，即是共此一理，共此一氣也。理無差別而氣有差別。其差別者，非是截然兩個，有一則有二，二即一之兩面也……如太極是體，陰陽即依此體所起之二用，雖顯成二用，然是相依而生，不是各成兩個物事……只此一理行乎氣中，因有往來屈伸，見為二相，不知只是此一理，即只是此一氣耳。〔註54〕

太極與陰陽之間，太極是體，陰陽是依於此體所現起的兩種功用，陰陽二氣是互相依存生起的，不是分別生成兩個截然不同的東西。理在氣中行，由於這當中有來去屈伸的種種變化，看來就像是兩種相狀，卻不知這只是一理，也只是一氣而已。天地與人物原即同一本性，也就是同此一理，同此一氣。因此，他接著說：

> 世俗迷倒，妄計天地是天地，萬物是萬物，人是人，我是我，都不相干。如印度外道計大自在天生萬物，基督教立造物主之說，皆由不知一理一氣，萬物同出於一源，求其故不得，因別立一個生之者，依舊天是天、人是人，終成兩個去，此皆儒者所不許。〔註55〕

一般人由於妄見迷亂，視天地萬物人我分立，以為彼此之間毫無關係。事實上，正因為天地萬物同出於一源，故天地萬物人我乃一理一氣，並不是由大

〔註53〕《馬一浮集・復性書院講錄第六卷・觀象卮言》（第一冊），頁425。
〔註54〕《馬一浮集・復性書院講錄第五卷・洪範約義・別釋庶徵》（第一冊），頁401。
〔註55〕《馬一浮集・復性書院講錄第五卷・洪範約義・別釋庶徵》（第一冊），頁401～402。

自在天或造物主所生！

（二）全理是氣，全氣是理

天地萬物既是一理一氣，那麼理氣是否有先後？馬浮說：

> 全氣是理，全理是氣，即是簡易。（自注：此是某楷定之義，先儒釋三義未曾如此說。然頗簡要明白，善會者自能得之。）……未見氣，即是理，猶程子所謂「沖漠無朕」，理氣未分，可說是純乎理，然非是無氣，只是未見。故程子曰：「萬象森然已具。」理本是寂然的，及動而後始見氣，故曰「氣之始」。氣何以始？始於動，動而後能見也……氣未見時純是理，氣見而理即行乎其中。故曰：「體用一原，顯微無間。」不是元初有此兩個物事相對出來也。邵康節云：「流行是氣，主宰是理。」不善會者，每以理氣爲二元，不知動靜無端，陰陽無始，理氣同時而具，本無先後，因言說乃有先後。（自注：兩字不能同時并說。）〔註56〕

理氣是同時而具的，有理即有氣，有氣即有理。理是寂然的、不可見，在未發動時，見不到氣，但不表示此時氣不存在，只能說不可見。因此，見不到氣時，純爲是理，但一見得氣，理就在氣裡面。可見，馬浮不斷強調，理氣是同時的，又具體用、顯微的關係，但沒有先後之別，只因言說之故，只好先說出個理字，再說出個氣字。他又說：

> 有、無相齊，體、用不二，根本上並無先後之分，惟說出則有個先後。如老子「有生於無」，豈是先「無」後「有」，以「無」爲父，以「有」爲子耶？後人不明一體圓融之義，心中自起分別，以爲無在有先，有在無後，非老氏之本旨。理、氣之說亦然，理爲氣之體，理即在氣中，氣爲理之用，氣不能離體，故曰理、氣只是一事。〔註57〕

理氣乃一體圓融，故而體用本無二。理氣就根本而言，並無先後之別，亦即理在氣中，氣不離體；理爲氣之體，氣爲理之用。若就言語表達來說，則不得不有個先說出來的，與後說出來的。因此，理氣本一。馬浮也直言佛家之「性修不二」，與「理氣合一」之旨可以相發，他指出：

〔註56〕《馬一浮集・泰和宜山會語・理氣》（第一冊），頁 38～39。此處「邵康節云」之後的標點原作：「流行是氣，主宰是理。不善會者，每以理氣爲二，元不知動靜無端，陰陽無始，理氣同時而具，本無先後，因言說乃有先後。」今改如上述。
〔註57〕《馬一浮集・問學私記》（第三冊），頁 1143。

性以理言，修以氣言。知本乎性，能主乎修。性唯是理，修即行事，
故知行合一，即性修不二，亦即理事雙融，亦即「全理是氣，全氣
是理」也……知是本於理性所現起之觀照，自覺自證境界，亦名為
見地。能是隨其才質發見於事為之著者，屬行履邊事，亦名為行。
故知能即是知行之異名，行是就其施於事者而言，能是據其根於才
質而言……從性起修，舉理成事，全修在性，即事即理。〔註58〕

馬浮認為理氣、知能與性修，是緊密結合的。換言之，理事即是知行。由此
可見，馬浮的「全理是氣，全氣是理」，即為簡易，其實就是華嚴的理事雙融、
性修不二。因此，從性起修，全修在性，即性修不二；舉理成事，即事即理，
乃理事雙融。

（三）理事雙融與四法界

馬浮指出，理事雙融之說，雖是儒家聖人一貫之說，卻又與佛教華嚴宗
的「四法界」之說相通。他認為：

事物古今有變易，理則盡未來無變易，於事中見理，即是於變易中
見不易。若捨理而言事，則是滯於偏曲；離事而言理，則是索之杳
冥。須知一理該貫萬事，變易原是不易，始是聖人一貫之學。（自注：
佛氏華嚴宗有四法界之說：一事法界，二理法界，三理事無礙法界，
四事事無礙法界，孔門六藝之學實具此四法界，雖欲異之而不可得，
先儒只是不說耳。）〔註59〕

的確如此，理學的理事關係論確實是吸收了華嚴宗的「四法界」說，先儒只
是不說，而馬浮則將它點破了。〔註60〕他在《太極圖說贅言》中說道：

法界有四種義：一、事法界，界是分義，一一差別有分齊故。二、
理法界，界是性義，無盡事法同一性故。三、理事無礙法界，具性
分義，性分無礙故。四、事事無礙法界，一切分齊事法，一一如性
融通，重重無盡故。《易》教所顯如此，《太極圖說》所示正屬後二
義也。〔註61〕

〔註58〕《馬一浮集‧泰和宜山會語‧知能》（第一冊），頁41～42。
〔註59〕《馬一浮集‧泰和宜山會語‧舉六藝明統類是始條理之事》（第一冊），頁25。
〔註60〕李明友，〈馬一浮的「三教」圓融觀〉，《馬一浮學術研究》，北京：中華書局，
2001，頁103～104。
〔註61〕《馬一浮集‧太極圖說贅言》（第一冊），頁713。

因此，我們更清楚地看到，馬浮認爲《易》教所顯之理事關係，猶如此四法界；而《太極圖說》所示，正屬理事無礙法界與事事無礙法界。難怪他要抱不平：

> 此實理者無乎不在，不是離心而別有，所謂總該萬有，不出一心。在華嚴以法界緣起不思議爲宗，恰與此相應。太極即法界，陰陽即緣起，生陰生陽，乃顯現義。生生爲易，故非斷非常。義學家判此爲邪因無因，乃知二五而不知十也。（自注：清涼判太極陰陽爲邪因，若心外有太極可立，則謂之邪因可也，奈《易》之本義不如此。又不悟陰陽、動靜即是緣起，故謂若計一爲虛無自然，則成無因；謂自然虛空等生，則應常生不待緣。不知此乃正説緣起也。）〔註62〕

馬浮指出「生生爲易」雙離斷常，乃正説緣起，故此生非無因生，也非不待緣之常生，這才是《易》之本義。以是之故，清涼澄觀不應判太極陰陽爲邪因、無因，畢竟太極就是法界，陰陽即是緣起，而生陰生陽之「生」，不過是顯現之義而已。馬浮此見，把太極陰陽説成法界緣起，並以緣起來説明「生生爲易」，這眞是《易》之本義嗎？還是馬浮自己所認爲的《易》之本義呢？

二、理一分殊

馬浮一再地強調，不能只見別異而不見和同，他説：

> 近人爲學，重在分析名相，不知返求本源，只見分殊而不見理一，見別異而不見和同，故多爲偏曲之見。須是從分殊中見理一，從變易中見不易。〔註63〕

馬浮認爲，爲學若只見分殊而不見理一，則易流於偏頗，故應返求本源，從變易中見不易。那麼，理一和分殊究竟是何關係？

（一）一即一切，一切即一

馬浮以佛家法界「一即一切，一切即一」之義，來説明理一分殊：

> 彼言法界有二義：一是分義，一一差別有分齊，故即分殊也；一是性義，無盡事法同一性，故即理一也。於一理中見分殊，於分殊中見理一，則是一即一切，一切即一，如性融通，重重無盡。全事即

〔註62〕《馬一浮集・太極圖說贊言》（第一冊），頁713。
〔註63〕《馬一浮集・問學私記》（第三冊），頁1180。

理，全人即天，斯德教之極則也。〔註64〕

法界有分義、有性義，無盡事法雖有一一差別，卻同於一性，即同於一理。因此，在一理中見分別，在分別中見一理，就是「一即一切，一切即一，如性融通，重重無盡。」正如法藏所言：「四、名圓教。爲法界自在，具足一切無盡法門，一即一切，一切即一等，即華嚴等經是也。」〔註65〕以及「若依圓教，即約性海圓明，法界緣起，無礙自在，一即一切，一切即一，主伴圓融。」〔註66〕可見馬浮認爲華嚴之法界即是德教之極則，即是理一。若依儒家之名言，此理又何稱名？他說：

> 佛氏所謂法，當儒家所謂道，法界猶言道體耳。自佛氏言，世出世間總謂之法。自儒者言，盡天地莫非是道。一眞即絕待之名，在儒者即言至誠至善。〔註67〕

佛家之法界即儒家之道體，佛家之一眞法界即眞常絕待之名，在儒家則稱之爲至誠至善，此即理一；佛氏說世出世間之法，猶如儒者所言盡天地無非是道，此即分殊。然而，一眞絕待如何能等同於至誠至善呢？儒佛何以能同於一理呢？馬浮指出：

> 蓋斯理本人人同具，苟能精思力行，人人可證，豈假單傳密付而後得邪？〔註68〕

話雖如此，然則理有深淺、證有分圓，馬浮深受義學影響，雖與宋明儒同援佛理與《易》學，來闡明儒家義理，但其所詮之儒理與前人卻早已大不相同了！

（二）理一分殊與六相一相

爲了能更清楚了知理一分殊之理，馬浮認爲必須明白「六相一相」之義，他說：

> 已知法界緣起一多相，更須明六相一相義。然後於《太極圖說》方可洞然無疑。六相者，總、別、同、異、成、壞也。一含多德爲總相，多德非一爲別相，總爲別之所依，離總無別；亦爲別之所成，離別無總。同相者，多義不相違，同成一總故；異相者，多義相望，

〔註64〕《馬一浮集‧復性書院講錄第三卷‧釋三才》（第一冊），頁243。

〔註65〕〔唐〕法藏述，《華嚴一乘教義分齊章》（CBETA T45n1866_p0481a01-a03）。

〔註66〕〔唐〕法藏述，《華嚴一乘教義分齊章》（CBETA T45n1866_p0485b07-b09）。

〔註67〕《馬一浮集‧復性書院講錄第三卷‧釋三才》（第一冊），頁246。

〔註68〕《馬一浮集‧太極圖說贊言》（第一冊），頁710。

各各異故；成相者，由此諸緣和合成故；壞相者，諸緣各住自位，
不相到故。六相同時而具，在《太極圖說》所顯《易》教義中，前
二義顯（自注：總、別義顯。）後二義隱（自注：成、壞義隱。），
此亦學者所當知也。〔註69〕

馬浮以為周敦頤之《太極圖說》和《通書》，乃得《易》教之精微，並能抉示
性命之根本。他說：「儒家有周程，亦猶佛氏之有馬鳴、龍樹。」〔註70〕可謂
推崇至極。然而，太極即法界，既已知道法界緣起、理一分殊、一含多德之
相，更要進一步瞭解六相一相之理，才能對此全然不疑。他也清楚地指出，
六相應同時而具，但《太極圖說》則顯總、別而隱成、壞。六相，是指《華
嚴經》、《十地經》所說，萬事萬物所具足之六種相。六相圓融則來自華嚴，
旨在說明法界緣起事事無礙之義。馬浮又言：

華嚴六相：一總別，二同異，三成壞。一、總不離別，離別不成總；
別不離總，離總則別亦不成。然總不礙別，綜合總時別未嘗亡；別
不礙總，分辨別時總亦存在。交參互入，不即不離。二、同異亦然，
同不離異，異不離同，異中有同，同中有異。是一是二，不即不離。
三、成壞非生滅，就其變易曰成，就其不變言曰壞。如積瓦石以成
屋，是屋相即成相，若返本推求，瓦石還是瓦石，並不因成屋而消
滅，即是壞相。故天地間只有變易，並無增減，不變即在變易之中。
剋實言之，六相原是一相，若偏執一邊，便成錯誤。〔註71〕

六相，即總、別，同、異，成、壞。緣起諸法必由諸緣合成，故有成立之總
相（一含多德，例如屋舍之瓦、石、樑等）與令其成立的諸緣之別相（依總
相而存，令總相圓滿者，例如屋舍分為瓦、石、樑等別相）。此別相乃對應於
總相而言，別相之上又有同相（具有多義多法，然互不相違，亦同樣可成立
總相，例如柱等互相合力組成屋舍）與異相（多義多德各各別異且互相望，
例如豎柱與橫樑相異）；同時總相亦對應於別相而言，總相之上另有成相（由
諸義而成立總相，例如由柱等而完成屋舍）與壞相（別相各守自己本位，不
成立總相，例如柱等守各自之自相），合之即為六相。馬浮旨在說明六相原為
一相，分殊乃為一理，六相彼此相即相入，圓融無礙，不應偏執任何一邊。

〔註69〕《馬一浮集・太極圖說贅言》（第一冊），頁713。
〔註70〕《馬一浮集・太極圖說贅言》（第一冊），頁710。
〔註71〕《馬一浮集・問學私記》（第三冊），頁1135。

在華嚴宗，以六相圓融故，諸法即一真法界無盡緣起。〔註72〕可見，馬浮受到華嚴的影響極深。

（三）理事雙融，一心所攝

馬浮進一步提到理事與一心的關係，如下：

> 心外無物，事外無理，事雖萬殊，不離一心。（自注：佛氏亦言：「當知法界性，一切唯心造。」「心生法生，心滅法滅。」「萬行不離一心，一心不違萬行。」所言法者，即事物異名。）一心貫萬事，即一心具眾理，即事即理，即理即心。心外無理，亦即心外無事。理事雙融，一心所攝，然後知散之則為萬殊，約之唯是一理。〔註73〕

「理事雙融，一心所攝」乃因心外無理，心外無事之故，一切事理都攝於一心。理事雙融，圓融無礙，即如華嚴的法界緣起，皆為一心所攝。心生則萬象森然，心滅則萬法寂滅。一切入一，一入一切，重重無盡，緣起無礙。猶如宗密所言：「統唯一真法界，謂總該萬有，即是一心，然心融萬有，便成四種法界。」〔註74〕馬浮更言：

> 唯佛氏云「若人欲了知，三世一切佛，當知法界性，一切唯心造」，此卻甚諦。彼立十法界，染淨差別總為一心所造，猶此言休咎是一念所成也。不敬即怠，非休即咎，此亦是一念之兩端，亦是一體之二用，在人所以用之如何耳。〔註75〕

天台宗以地獄、餓鬼、畜生、阿修羅、人、天、聲聞、緣覺、菩薩、佛等十界，總稱為十法界。「若人欲了知，三世一切佛，當知法界性，一切唯心造」則出自《華嚴經》。馬浮進一步說明，染淨差別端在一心，休咎敬怠在於一念。因此，人心之所用，其用大矣！

第三節　本章小結

綜上所述，我們不難發現，馬浮所謂「易即一真法界」、「太極即一真法

〔註72〕黃懺華，《佛教各宗大意‧第三輯第二種‧華嚴宗大意》，頁37。
〔註73〕《馬一浮集‧復性書院講錄第一卷‧學規》（第一冊），頁111。
〔註74〕〔唐〕宗密述，《註華嚴法界觀門》卷1（CBETA T45n1884_p0684b24-b26）。
〔註75〕《馬一浮集‧復性書院講錄第五卷‧洪範約義‧別釋庶徵》（第一冊），頁402。

界」、「皇極即事事無礙法界」、「理氣合一」、「理一分殊」等，在在皆宗歸於
華嚴的法界緣起。

正如方東美對華嚴無盡法界緣起之闡述，他說：

> 本來在整個佛學的領域中，是討論宇宙論或宇宙發生論諸問題，它
> 可說是從小乘佛學起就有十二支因緣的緣起說，這是拿十二因緣來
> 說明這一個世界的形成。不過在佛學裏面確有許多對因緣論的不同
> 說法，譬如在小乘佛學或原始佛教的領域中，對於十二因緣的說法，
> 若根據日本人所用的名詞可稱爲業感緣起說，事實上應當稱其爲業
> 感緣起說才對，在大乘佛學裏面，譬如法相唯識宗便有所謂的阿賴
> 耶識緣起說，在如來藏系的佛教裏面，卻有如來藏緣起說，至於華
> 嚴經在說明整個世界的形成時，認爲是由一眞法界的全體所構成，
> 它還是根據緣起說而來，不過這個緣起說，既不說是業感緣起，也
> 不說是阿賴耶緣起，它可以說是透過如來藏系裏面，修正如來藏的
> 這一概念，然後再根據晉譯華嚴經「如來性起品」的名詞，而稱爲
> 「性起」。什麼叫做性起呢？那是稱性而起，因爲在一切因緣的總出
> 發點，就是爲達到美滿的佛性，以集中一切價值在一起，而成就這
> 一個精神主體的就稱之爲「法身」，那是體，就佛的法性看起來，那
> 是佛性。從佛性產生之佛性可以遍在一切處，如果根據華嚴家的專
> 門名詞來說叫做「互攝性原理」，即有所謂相即相入相攝，透過這許
> 多姿態，便能把原來超越的佛性，一一給予滲透，貫注到宇宙裏面
> 的每一種存在體。從器世間裏面的各種物質形態，到生命世間裏面
> 的各種生命形態，再到精神世間上面的各種精神形態，都一起滲透
> 貫注之後，便形成所謂無盡法界緣起，由此便產生了一套華嚴經的
> 宇宙緣起論。〔註76〕

由此可知，佛學領域中之宇宙論，即是緣起說。《華嚴》認爲整個世界，是由
一眞法界的全體所構成的，亦即是由如來稱性而起。馬浮可謂深探華嚴義海，
並以爲《華嚴》「法界」之名與《易》義相準。因此，太極即「眞如」、「佛性」、
「法身」、「一眞法界」、「如來藏心」、「圓覺」，自是順理成章，同顯此一理。
在理事、事事相即相入相攝之下，也就形成了無盡法界緣起。所以我們不妨
說，馬浮之《易》之宇宙論，實即爲《華嚴》之宇宙緣起論。事實上，我們

〔註76〕方東美，《華嚴宗哲學》（上），頁117～118。

清楚地看到，就本體宇宙論而言，馬浮會通儒佛的「理一」，就是法界緣起。

華嚴宗二祖智儼（602～668）於《華嚴一乘十玄門》中說：

> 明一乘緣起自體法界義者，不同大乘二乘緣起，但能離執常斷諸過
> 等。此宗不爾，一即一切，無過不離，無法不同也。今且就此華嚴
> 一部經宗，通明法界緣起，不過自體因之與果。所言因者，為方便
> 緣修，體窮位滿，即普賢是也。所言果者，謂自體究竟寂滅圓果，
> 十佛境界，一即一切。〔註77〕

佛教世界觀就是緣起論，緣起論著重於說明緣起故無性，本體空故。但說法的
起點是為解說生命苦痛的根源，因此在無明緣起或阿賴耶識染法緣起諸說中強
調現象的不真實而應捨離之義。然而，《華嚴經》的宗旨卻不然，眾生對現象的
執著固然是苦痛的根源，但是現象的存在並非沒有意義，現象存在的意義就是
眾生生命的意義，眾生生命的意義就是追求一乘成佛的意義，在眾生追求一乘
成佛而有流轉現象的一切歷程中，以眾生終極必然成佛而言，這一切現象中的
歷程即是一極有意義的歷程。就成佛境而言，佛觀一切現象及一切眾生的生命
歷程即皆是清淨無比的根本智慧的發露的歷程。因此整體現象即是一切眾生的
成佛歷程所成的世界，緣起的整體即是眾生自己的成佛歷程，因此整體共構一
法界，即是眾生成佛之遍歷之世界，因此以整體存在界說為眾生生命意義的歷
程，以此說緣起，而以法界緣起說生命真相及現象世界。〔註78〕

藉此可明，華嚴世界乃佛果德之現起，一切現象皆圓滿，唯有以表詮詮
解方能闡發，而就馬浮看來，「生生之謂易」之「生」正好得以說明無盡緣起
之德相，並一舉跳脫張載論佛氏「誣世界乾坤為幻化」〔註79〕之錯解。

此外，面對理氣的歷史糾葛，許寧認為馬浮採取直接從《易傳》和佛學
尋求解釋資源的策略，這樣就繞過了理本論與氣本論的尖銳對立，體現為思
維方式的重大飛躍，從歷史的高度上總結了理氣問題。……因此，馬雖是理
氣一元，卻不是以理為本。〔註80〕原則上，我們同意這樣的看法，但要進一

〔註77〕〔隋〕杜順說、〔唐〕智儼撰，《華嚴一乘十玄門》卷1（CBETA T45n1868_p0514a25-
　　　　b02）。

〔註78〕杜保瑞，〈華嚴宗形上學命題的知識意義〉，發表於「佛教的哲學建構學術研
　　　　討會」，臺灣大學哲學系主辦，2006年5月27～28日。

〔註79〕劉國忠、黃振萍主編，《中國思想史參考資料集・隋唐至清卷》第3卷，第2
　　　　篇，北京：清華大學出版社，2004，頁135。

〔註80〕許寧，《六藝圓融——馬一浮文化哲學研究》，頁86。

步指出的是，馬浮的理氣觀，事實上更是建立在《華嚴》法界緣起的「一入一切，一切入一」之上。因此，這絕非只是援佛解儒，而是以佛證儒。然而此證，乃是在本體宇宙論上，關鍵意義之證成。明顯地，馬浮乃是自覺地以佛家爲本位，就華嚴四法界、理事、六相、一心等命題，來證明「易即一眞法界」，以窮盡儒家之本體宇宙論。

　　馬浮說：

　　　　心與理一，即是事事無礙。〔註81〕

此處言心與理一，是指心即理嗎？若非，又如何一之呢？以下，且讓我們進一步地來探究馬浮的心性論。

〔註81〕《馬一浮集・問學私記》（第三冊），頁1185。

第三章 心性論
——儒佛等是閒名，心性人所同具

重視心性是儒佛的共通之處，然而，儒釋二家的心性論區別何在？蔡方鹿說：「雖然佛教心性對理學心性論產生了重要影響，但理學與佛教兩家心性論仍有原則區別，其區別來源於入世或絕俗。理學講入世，重視道德理性的價值，故心性哲學與儒家倫理緊密結合；佛教講絕俗，出世出家，斷絕生化之源，其心性哲學與儒家倫理相脫節，故遭到理學尤其是程朱一派的猛烈批評。」〔註1〕但是，對馬浮來說，以出世入世、出家在家來判儒佛，卻是一種錯謬。他說：

> 俗以佛爲出世間法，不知彼明言無世間可出，無佛道可成。如何是佛，如何是世間，此亦是一種名相，隨語生解，與自性全無干涉。
>
> 〔註2〕

顯然他是站在佛門了義的立場，認爲就了悟自性而言，儒佛並無差別。馬浮也說道：

> 儒佛等是閒名，心性人所同具，古來達德，莫不始於知性，終於盡性。〔註3〕

馬浮認爲心性乃人人所同具，因此，無論言儒、言佛都不外乎此。但光是「知性」尚不足，方得「盡性」才能究竟。以下，我們將進一步探析馬浮的心性論。

〔註1〕 蔡方鹿，《宋明理學心性論》（修正版），成都：巴蜀書社，2009，頁5。
〔註2〕 《馬一浮集・爾雅臺答問續編卷三》（第一冊），頁635～636。
〔註3〕 《馬一浮集・濠上雜著初集》（第一冊），頁743。

第一節　論心性

一、釋心性

心與性的關係為何？何以心、性時而合稱，時而分稱？馬浮說：

《易・繫辭》：「窮理盡性以至於命」，「窮理」即當孟子所謂「知性」，「盡性」即當孟子所謂「盡心」，「至命」即當孟子所謂「知天」。天也，命也，心也，性也，皆一理也。就其普遍言之，謂之天；就其秉賦言之，謂之命；就其體用之全言之，謂之心；就其純乎理者言之，謂之性；就其自然而有分理言之，謂之理；就其發用言之，謂之事；就其變化流行言之，謂之物。故格物即是窮理，窮理即是知性，知性即是盡心，盡心即是致知，知天即是至命。〔註4〕

由此可見，心與性皆同為一理，此理即《易・繫辭》中所欲窮之「理」。心是就兼具理之體用來說的（有體有用），而性則純就理之全然來說的（有體無用）。天、命、心、性只有體用、廣狹之別，在本質上是相同的。因此，心性分稱時，只言心，包括心所具之理，及心之理所顯之用；只言性，乃就此性之全然是理來說的。然而，人事物雖有其分殊性，但就理而言，卻又是同一的。正如前一章所討論，此理即易、即太極、即真如、即佛性、即如來藏心、即一真法界，亦即事事無礙法界。又，性與命的關係為何？馬浮說：

凡言理，與道有微顯之別。理本寂然，但可冥證；道則著察，見之流行。就流行言，則曰三才；就本寂言，唯是一理。性命亦渾言不別，析言則別。性唯是理，命則兼氣。理本純全，氣有偏駁，故性無際畔，命有終始。然有是氣則必有是理，故命亦以理言也。順此性命之理，乃道之所以行。〔註5〕

總之，理、道、性、命、氣皆一理也。性即純理，命則兼理氣，二者仍有別。又：

理無差別，氣有差別。性是物我所共，命乃萬有不齊，氣質之性亦是命。〔註6〕

〔註4〕　《馬一浮集・復性書院講錄・第一卷》（第一冊），頁113。此中標點，原作：「理本寂然，但可冥證，道則著察見之流行。」今易之如上。

〔註5〕　《馬一浮集・復性書院講錄・第六卷》（第一冊），頁425。

〔註6〕　《馬一浮集・復性書院講錄・第六卷》（第一冊），頁474。

就理氣而言，理本同一，氣有不同。就性命來看，人與物之性共一，而個別之秉賦卻不同。所以，心與性皆爲理，但心兼體用，性唯指理（體），命則理中兼氣。

（一）釋 心

何謂心？馬浮直言：

> 心誠不易說。視之不見，聽之不聞，而爲天地之本，此言其體也；天地間交互往來，動靜闔闢，獸胎鳥孼，萬物生長，莫非心之流行，此言其用也。所謂寂然不動，隨感而應，兼體、用而言也。若只以感應言心，則是說了一半，見其變易、生滅一邊，而不見其不變易、不生滅一邊。〔註7〕

心既總括體用，具「寂然不動，隨感而應」的特色，心之體乃寂然不動之理，即「性」；那麼心之用，又是如何隨感而應呢？馬浮說：

> 覺是本心之明發現處，《起信論》謂之始覺。〔註8〕

馬浮引用《起信論》之始覺，來說明心的作用即是明覺，然而《起信論》亦言：「始覺義者，依本覺故而有不覺，依不覺故說有始覺。」〔註9〕始覺是相對於不覺來說的，但二者皆來自本覺，而本覺也就是心真如。心雖有明覺之力用，但也有昏昧之時分。因此，心之動靜亦得以招致禍福，故言：

> 夫天下之至蹟至動者非心乎？心外無物，凡物之蹟、動皆心爲之也。心本象太極，當其寂然，唯是一理，無象可得。動而後分陰陽，斯命之曰氣，而理即行乎其中，故曰「一陰一陽之謂道」。天地萬物由此安立，其象已具於八卦……是知吉凶定於八卦者，實則定於一心之陰陽動靜耳。〔註10〕

此明萬法唯心，心外無物，一切吉凶之象，皆由心所爲之，因此，心的動靜陰陽決定了一切休咎吉凶，心之作用不可謂之不大。心不但能招致吉凶，還能出生一切萬法，馬浮說道：

> 更無心外法能與心爲緣，是故一切法皆心也。是心能出一切法，是

〔註7〕 《馬一浮集·問學私記》（第三冊），頁 1142～1143。
〔註8〕 《馬一浮集·泰和宜山會語》（第一冊），頁 64。
〔註9〕 馬鳴菩薩造，〔梁〕真諦譯，《大乘起信論》卷 1（CBETA T32n1666_p0576b15-b16）。
〔註10〕 《馬一浮集·復性書院講錄·第六卷·觀象卮言》（第一冊），頁 432。

> 心遍攝一切法，是心即是一切法。聖賢千言萬語只明此義，說性命
> 之理乃是顯此心之本體，說三才之道乃是顯此心之大用，所以作《易》
> 垂教，只是要人識得此心耳。若不知性命之理，則此心之體不顯，
> 尋常日用只是隨順習氣，全無自由分，是謂失其本心。〔註11〕

一般人在日用之間，自己絲毫作不得主、身心不自由，都只因爲隨順著習氣，
失其本心的緣故，而《易》之垂教，其目的不過是要人識得此心、顯此心之
本體、顯此心之大用而已。因此，「心外無物，事外無理，事雖萬殊，不離一
心。」〔註12〕所以說，一切法皆心也，心即是一切法，世界萬象無非都是心
的化現。然而，此心尤有迷悟之別，他說：

> 當知眞心不落生死，是即恆性；緣境而生之心，是妄心也。〔註13〕

> 妄心即當人心，眞心即當道心。然非有二心也，只是一心迷悟之別，
> 因立此二名耳。〔註14〕

換言之，眞心乃眞常絕待，與隨緣而起的妄心不同，妄心即指一般隨緣起伏
的人心，而眞心則是道心。然而，眞心與妄心並非指稱兩個心，因爲眞妄只
是就一心之或迷或悟來說罷了！是故，「妄心頓歇，則眞心自顯」。〔註15〕迷
則不覺，悟即覺。馬浮在詮釋孔子之「五至」時，說道：

> 至有三義：一來義，二達義，三極義。湛寂之中，自然而感，如火
> 始然，如泉湧出，莫之能禦，此來義也。（自注：禪家謂靜三昧中瞥
> 起一念即來義。此念法爾清淨，名之爲覺，有照有用。迷之則爲無
> 明，因無明念起，謂之不覺。此即儒者所言道心、人心也。如來者，
> 無所從來，亦無所去，正顯道心。）〔註16〕

馬浮所言之道心，即是《起信論》中所說之「覺」；所言之人心，即是《起信
論》中所說之「不覺」。他更以「如來」顯道心，以「覺」顯五「至」。馬浮
早年曾經講授《起信論》〔註17〕，即使日後在講述儒學時，隨手拈來亦處處

〔註11〕《馬一浮集・復性書院講錄・第六卷・觀象巵言》（第一冊），頁488。
〔註12〕《馬一浮集・復性書院講錄第一卷・學規》（第一冊），頁111。
〔註13〕《馬一浮集・復性書院講錄・第六卷・觀象巵言》（第一冊），頁436。
〔註14〕《馬一浮集・復性書院講錄・第六卷・觀象巵言》（第一冊），頁437。
〔註15〕《馬一浮集・爾雅臺答問卷一》（第一冊），頁515。
〔註16〕《馬一浮集・復性書院講錄・第三卷》（第一冊），頁276～277。
〔註17〕參見陳星，《君子之交──弘一大師、豐子愷、夏丏尊、馬一浮交遊紀實》，
頁73。

可見《起信論》之文義，可見《起信論》對馬浮之影響可謂深入骨髓。若人非拳拳服膺於某一見地，然於講學、行文間，念念句句不離此，卻道僅爲「知性」上了解而已，茲可怪也。在《起信論》中，亦談眞心與妄心，眞心即是眞如心。既然如此，馬浮何以不直接揭示眞心即是眞如心呢？只因在理智上，他總認爲自己是站在儒家的立場發言，然而他也說：

> 若念念是覺，安得有凶？《壇經》所謂「眞如自性起念」，（自注：「眞如即是念之體」，「念即是眞如之用」，二語甚精。）乃專指聖人之幾耳。〔註18〕

於此不難看出，在馬浮心底，佛家之「覺」、「念」、「眞如」，與儒家「聖人」間的關係。因此，馬浮上述所言「覺是本心之明發現處」之「本心」，雖名似陸王所用，事實上乃指「眞如」，明矣！那麼，在儒家可以和「眞如」相等同的又爲何？馬浮說：

> 《通書》曰：「誠無爲，幾善惡。」誠即眞如。幾即生滅。善惡者，即覺與不覺二相也。〔註19〕

周敦頤在《通書》中，緊接著說：「寂然不動者誠也；感而遂通者神也；動而未形、有無之間者，幾也。誠精故明，神應故妙，幾微故幽。誠神幾曰聖人。」〔註20〕可見，周子只說「寂然不動者誠也」，「誠即眞如」則是馬浮個人的創見。此外，他更進一步明言：

> 若「至誠無息」，乃顯眞常之體，需親證法身始得，不得揣量。〔註21〕

馬浮認爲，若欲通達「至誠無息」之眞常本體，必須親證「法身」才行，然此證悟，非思慮可得。至此，吾人更難以認可馬浮乃單就儒佛名相相互比附而已。他在《法數鉤玄》中言三身時，說道：

> 一、法身：即眞如自性，平等本際，妙覺極圓，亦名法性身，亦名自性身。（自注：法身如虛空遍，謂無有障礙。）〔註22〕

可見，其所謂「需親證法身始得」之法身，即是「眞如自性」！就心兼體用言，心亦是眞如。

〔註18〕《馬一浮集‧爾雅臺答問續編卷一》（第一冊），頁553。
〔註19〕《馬一浮集‧泰和宜山會語》（第一冊），頁81。
〔註20〕蒙培元，《中國心性論》，臺北：臺灣學生書局，1990，頁313。
〔註21〕《馬一浮集‧爾雅臺答問卷一》（第一冊），頁503。
〔註22〕《馬一浮集‧法數鉤玄》（第一冊），頁881。

（二）性 德

性德是馬浮論及義理時，特別揭示之詞語，何謂性德？馬浮說：

> 在心爲德，行之爲道，內外一也。德是自性所具之實理，道即人倫日常所當行。德是人人本有之良知，道即人人共由之大路，人自不知不行耳。知德即是知性，由道即是率性，成德即是成性，行道即是由仁爲仁。德即是性，故曰性德，亦曰德性。（自注：即性之德，是依主釋；即德是性，是持業釋。）〔註23〕

可見，性德與德性是一樣的。前者是依性來說，指即性之德相；後者乃依德而言，指德相即爲性。性德若是人人本有，自性所具，與傳統所言之天、帝、道體等又有何關係？他指出：

> 一性無際曰天，法爾純眞曰帝，性外無天，人外無帝。本來具足，是曰天成；一念無爲，斯名帝出：皆性德之異稱耳……天地之塞吾其體，何莫非天也；天地之帥吾其性，何莫非帝也。或言法界，或言道體，皆天帝義也。〔註24〕

馬浮認爲無論是言天、言帝、言法界、言道體、言天帝，全都是性德之異稱，只是名言範疇不同，其理爲一。又言：

> 仁是性德之全，禮即其中之分理。此理行乎氣中，無乎不在……所以有此禮者，仁也。具此德者，性也。〔註25〕
>
> 說性至善，是顯性之德。〔註26〕
>
> 佛氏謂「一心遍現十法界，當知法界性，一切唯心造」，先天也。「上律天時，下襲水土」，「存心養性，所以事天」，後天也……性德是先天，未見氣時，此理已具，所謂「沖漠無朕」者也。修德是後天，形而後有，「善反之而存」者也。〔註27〕
>
> 「性相近」義略當於如，不一不異之謂如，此純以理言性德也。
> 〔註28〕

因此，性德純以理言，即是理，即是仁，即爲如；兼以性之德言，即爲性之

〔註23〕《馬一浮集·復性書院講錄·第三卷》（第一冊），頁220。
〔註24〕《馬一浮集·復性書院講錄·第三卷》（第一冊），頁249。
〔註25〕《馬一浮集·泰和宜山會語》（第一冊），頁72。
〔註26〕《馬一浮集·問學私記》（第三冊），頁1157。
〔註27〕《馬一浮集·復性書院講錄·第六卷》（第一冊），頁424。
〔註28〕《馬一浮集·爾雅臺答問續編卷二》（第一冊），頁587。

一一德相。馬浮在所著《法數鉤玄‧釋十迴向》中，釋「第十法界無量迴向」
中云：

> 謂所證性德眞如之理，圓滿成就，含攝遍周，其量無外，十界差別
> 之相，了不可得。〔註29〕經云：「性德圓成，法界量滅。是名法界無
> 量迴向。〔註30〕」〔註31〕

馬浮釋此，皆由佛典中轉錄而來，前半來自〔清〕德玉順硃，《梵網經順硃》
卷 1，後半則出自〔唐〕般剌蜜帝譯，《大佛頂如來密因修證了義諸菩薩萬行
首楞嚴經》卷 8。法界無量回向乃菩薩修行五十二階位中之第四十位，屬資糧
道。〔宋〕子璿集，《首楞嚴義疏注經》解釋道：

> 性德圓成，法界量滅，名法界無量迴向。聖法因義，故云法界，然
> 有四種：謂事、理、理事無礙、事事無礙，今皆渾爲一眞法界，故
> 云量滅。此唯性德圓成，於一眞界，無量可量，故云法界無量。又
> 證性德，一一圓滿，成就不可算數邊涯故也。〔註32〕

此乃說明四法界統稱爲一眞法界，故云法界量滅；又因性德圓成之故，具無
邊不可算數之成就一一圓滿。故此迴向，名爲法界無量迴向。「性德」一詞，
在佛典中，除前所引之《首楞嚴經》外，首見於〔後漢〕安玄譯之《法鏡經》，
〔註33〕尚可見於《佛說華手經》和《瑜珈師地論》、《大乘莊嚴經論》、《佛性
論》等經論，以及《法華經》與《華嚴經》之釋論，與《大乘起信論義記》、
《圓覺經大疏》〔註34〕暨餘等經論之歷代注疏中。〔隋〕智顗之《妙法蓮華
經文句》中言：「如是性，即是性德，智慧第一義空也。」〔註35〕、「眾生心

〔註29〕見〔清〕德玉順硃，《梵網經順硃》卷 1（CBETA X39n0699_p0022c09-c12），
　　　　作：「第十不壞心位，不壞即不壞心回向也。別經名等法界無量回向。謂所證
　　　　性德眞如之理，圓滿成就，含攝徧周，其量無外，十界差別之相，了不可得故。」
〔註30〕見〔唐〕般剌蜜帝譯，《大佛頂如來密因修證了義諸菩薩萬行首楞嚴經》卷 8
　　　　（CBETA T19n0945_p0142c04-c5），作：「性德圓成，法界量滅，名法界無量
　　　　迴向。」
〔註31〕《馬一浮集‧法數鉤玄‧卷二》（第一冊），頁 903。
〔註32〕〔宋〕子璿集，《首楞嚴義疏注經》卷 8（CBETA T39n1799_p0930b06-b11）。
〔註33〕〔後漢〕安玄譯，《法鏡經》（CBETA T12n0322_p0022b12-b17）：「阿難，又
　　　　去家修道開士者，千人之中不能，有德乃爾，此理家者而有是德。爾時阿難
　　　　白佛言，要者眾祐，當何名斯經法，亦當以何奉持之？眾祐言：是故汝阿難，
　　　　斯經法名爲居家去家之變，奉持之；亦名爲內性德之變，奉持之。」
〔註34〕上述資料考之於 CBETA 電子佛典 2011 版，於此不一一列舉所引內文。
〔註35〕〔隋〕智顗說，《妙法蓮華經文句》卷 3（CBETA T34n1718_p0043b28-b29）。

性，即是性德。」〔註36〕，〔唐〕湛然之《法華文句記》也說：「自性者，即是性德。」〔註37〕，又〔唐〕澄觀《大方廣佛華嚴經隨疏演義鈔》：「第四以性融相門。相雖萬差，無不即性。性德包含，全在相中。以性融相，相如於性。」〔註38〕因此，佛典內之性德或指心性、自性、空性、性之德相等。可見，馬浮特別拈出「性德」，以說明性及性所具之德，實與佛氏經論及天台、華嚴之說多有淵源，至於宋明儒學，則多言德性，於性德一語幾或未見也。〔註39〕馬浮又云：

> 有生則有滅，無生則無滅。一切緣生法，緣聚則生，緣離則滅，此生滅義也。性德則法爾如然，不常不斷，不來不去，不爲堯存，不爲桀亡，在聖不增，在凡不減，此無生義也。〔註40〕

如此「不常不斷，不來不去，不爲堯存，不爲桀亡，在聖不增，在凡不減」又「法爾如然」的性德，易之以眞如、佛性，又何嘗不可？因此，細究馬浮之行文與用詞，吾人發現馬浮雖外現爲一儒者之氛圍與姿態，然而其內心底蘊，實離不開佛家，甚至即是佛家！

二、心性與佛性

馬浮說：

> 言語有窮，道理無盡，有時詮表不出，惟有寄之於無言。如曰心不在內，不在外，亦不在中間，究竟心在何處？此時言語便窮了。使非自己眞有證悟者，便不易知。理到極處，只有言語道斷，心行處滅。故達磨一宗，不立文字。〔註41〕

心性是離於言說的，唯有言語道斷、心行滅處，方能證得極理。心，事實上，

〔註36〕〔隋〕智顗說，《妙法蓮華經文句》卷7（CBETA T34n1718_p0094a12）。

〔註37〕〔唐〕湛然述，《法華文句記》卷8（CBETA T34n1719_p0309b01）。

〔註38〕〔唐〕澄觀述，《大方廣佛華嚴經隨疏演義鈔》卷80（CBETA T36n1736_p0627c21-c22）。

〔註39〕考之於文淵閣四庫全書內聯網版，「性德」一詞於宋明儒學諸子著作中並未見之，唯見於〔清〕李光地撰之《注解正蒙》卷上：「不勉而中，故曰大成，性德盛而窮神知化，故曰位天德。」（http://210.59.113.5/viewer.htm#OnFetchPage？expr=%u6027%u5fb7&type=1&class=;;&book=&author=&mode=absolute&format=text&page=697353b&rel=255&code=7006）。

〔註40〕《馬一浮集·問學私記》（第三冊），頁1056。

〔註41〕《馬一浮集·問學私記》（第三冊），頁1143。

是無法指稱的；性，亦然。是以禪宗不立文字，直顯究竟，因此，他指出：

> 大鑒謂荷澤曰：「與汝道無名無字，汝便喚作本源佛性。」明道曰：
> 「才說性時便已不是性了。」眞乃異口同聲。〔註42〕

由此可見，儒之言性與佛之言佛性，對馬浮來說，並無不同。更且，「佛性唯
證能知。」〔註43〕他又說道：

> 若言佛性，不唯無東西，并無古今。佛經未東來，性上不減一分，
> 佛教東來後，性上不增一分。〔註44〕

他清楚地表明，就算佛經未傳至中土，佛性（或性）也絲毫沒有增減，因爲
佛性是一，不但沒有古今時代之別，更無東西方位之異。有如〔唐〕宗密《原
人論》所言：

> 一乘顯性教者，說一切有情皆有本覺眞心，無始以來，常住清淨，
> 昭昭不昧，了了常知，亦名佛性，亦名如來藏。〔註45〕

一乘顯性教，即是指圓教。圓教中，佛性即是眞心，亦是如來藏。宗密的「本
覺眞心」之說，一方面是繼承法藏、澄觀的傳統，進一步對法藏發現並闡發
的《大乘起信論》本覺思想的光大，另一方面也是對他自己發現並闡發的《圓
覺經》中類似說法的推演。總之，這是對法藏以來的華嚴宗心性論思想做出
卓越的概括和總結。〔註46〕顯而易見的，馬浮論心之覺、心之迷悟、心性、
佛性等，實不出此範圍。此外，馬浮在「說止」時，亦舉《起信論》來說明
不遷義，他說：

> 《起信論》云：「一念相應，覺心初起，心無初相，以遠離微細念故，
> 得見心性，心即常住，名究竟覺」是也。又云：「智淨相者，如大海
> 水，因風波動，而水非動性，若風止息，動相則滅，濕性不壞故。
> 衆生自性清淨心，因無明風動，而心非動性，若無明滅，相續則滅，
> 智性不壞故。」前是就覺體離念說，此是就本覺隨染說。以此顯止，
> 乃爲究竟無餘⋯⋯以一相無相，故顯示常住眞心，故說止是不遷義
> 也。〔註47〕

〔註42〕《馬一浮集・蠲戲齋雜著》（第一冊），頁837。

〔註43〕《馬一浮集・爾雅臺答問卷一》（第一冊），頁532。

〔註44〕《馬一浮集・問學私記》（第三冊），頁1158。

〔註45〕〔唐〕宗密述，《原人論》卷1（CBETA T45n1886_p0710a11-a13）。

〔註46〕王仲堯，《中國佛教與周易》，頁344。

〔註47〕《馬一浮集・泰和宜山會語》（第一冊），頁87～88。

顯然地，無論是馬浮所言「覺體離念」或「本覺隨染」之「究竟覺」或「本覺」，所指皆為「常住真心」，此與宗密之「本覺真心」說並無二異，實乃此二者皆源自《起信論》之故。正如其所言：「止者有二義：一是寂滅義，二是不遷義」〔註48〕，然此之不遷義，即常住真心。至於寂滅義，他說：

> 儒者所謂人欲淨盡，天理流行，即「生滅滅已，寂滅為樂」也……
> 不覺以止而終，覺以止而始。狂心頓歇，歇即菩提。斷盡無明，方
> 成覺道。此與「一日克己復禮，天下歸仁」並無二致。所謂「不用
> 求真，唯須息妄」，妄息為滅，息妄名真，故止是寂滅義也。〔註49〕

馬浮言「止」，雖也就儒家義理來說「人欲淨盡，天理流行」、「一日克己復禮，天下歸仁」，但他認為這無異於「生滅滅已，寂滅為樂」、「斷盡無明，方成覺道」，然而，如何方得「寂滅」？妄心若息（止）即為滅，故不用特意求真心，因此，息妄則真心自顯，即為寂。可見，止乃寂、滅同時。而「不用求真，唯須息妄」正是來自〔隋〕僧璨的《信心銘》〔註50〕，「生滅滅已，寂滅為樂」亦是出自〔東晉〕法顯所譯之《大般涅槃經》〔註51〕。由此，吾人亦可從中窺見，無論馬浮自覺與否，其判斷義理究竟義的根源，乃在佛而不在儒。

第二節　心兼理氣

　　心性是宋明理學的核心命題，可以說堂廡廣大、氣象非凡的宋明理學的思想大廈，正是圍繞著心性範疇，逐步生長和建築起來的。〔註52〕在宋明理學中，最重要而又比較容易引起理解上混亂的概念，即是理、氣、心、性。這不僅因為不同思想家的用法有所不同，同一思想家也常在不同意義上使用同一概念，因而總體上看，理學的這些概念都包含著不同的意義。〔註53〕馬

〔註48〕《馬一浮集・泰和宜山會語》（第一冊），頁86。
〔註49〕《馬一浮集・泰和宜山會語》（第一冊），頁87。此中斷句原作：「不覺以止而終，覺以止而始，狂心頓歇。歇即菩提，斷盡無明，方成覺道。」今易之如上。
〔註50〕〔隋〕僧璨作，《信心銘》卷1（CBETA T48n2010_p0376c03-c04），原作：「不用求真，唯須息見。」馬浮雖作：「不用求真，唯須息妄。」恐是誤植。然原作之「見」，乃指「妄見」。
〔註51〕〔東晉〕法顯譯，《大般涅槃經》卷3（CBETA T01n0007_p0204c23-c24）：「諸行無常，是生滅法。生滅滅已，寂滅為樂。」
〔註52〕許寧，《六藝圓融──馬一浮文化哲學研究》，頁107。
〔註53〕陳來，《宋明理學》，臺北：允晨文化實業公司，2010，頁28。

浮首次在浙大講授「國學」時，即提出了「六藝論」，他說：「今欲治六藝，以義理爲主。」〔註54〕他認爲必先說明六藝中與義理最密切相關之名相，方能引學者入思維。然而，他第一個講授的，即是「理氣」。因此，我們要進一步來探究馬浮的心性論中，對宋明理學理、氣、心、性等概念的繼承、發展與創新。

一、心具理

　　心與理的分判，在宋明儒者不同的理學體系之根本進路和價值指歸上，起了決定性的作用，開啓了理學和心學的兩大思想傳統。朱熹提出了「性即理」說，陸九淵和王陽明力倡「心即理」，馬浮則主張「心具理」。

　　首先，關於朱熹的「性即理」。

　　許寧指出：

> 在朱熹看來，人之所以爲學，取決於心與理。心雖然主乎一身，但其本體之虛靈足以管乎天下之理；同時，理雖然散在萬事，但其發用之微妙實不外乎一人之心。這裡，心與理呈現爲包容與被包容的關係。之所以如此，是因爲先天稟性、環境薰習等影響造成心中純駁相雜，天理尚未和心同一。因此重要的是，如何消解心中非「理」因素，確定格物窮理、躬行踐履的途徑和方法，使純然天理充溢圓盈於人心，他更強調「性即理」、「性即吾心之實理」、「理所當然者便是性」。使人性與天理、人道原則和天道原則同序共振，展開於心靈修養和道德完善之途。〔註55〕

朱熹強調「性即理」，是因爲看到人之心雖然靈動，卻不免有駁雜之處，無法時時刻刻與理合一，因此，提出一套格物窮理、躬行踐履的「主敬涵養」功夫論，來使理遍盈於人心。但此格物窮理之法，於其後學，不但無法把握到本體，反倒流蕩於執言語、泥文字之枝末瑣碎。

　　其次，陸九淵的「心即理」。

　　相對的，陸九淵承自孟子「本心」的思想，本心即孟子講的四端，是指先驗的道德意識，亦即倫理學所說的良心，並非一般的思慮知覺之心。他認

〔註54〕《馬一浮集・泰和宜山會語》（第一冊），頁37。
〔註55〕許寧，《六藝圓融——馬一浮文化哲學研究》，頁114。

為良心是不學而能、內在現成的，是每個人心的本來狀態，具有超時代的普遍性。因此，提出「心即理」的命題，此心即指本心，本心自身即是道德原則的根源，因而本心即是理，本心之理同時與宇宙之理是同一的。〔註56〕由此可見，朱、陸於此所言之心，並不等同。朱熹是就心之體用上說，而陸九淵則純就心全然是理而言。

　　王陽明在「龍場悟道」之後，反對朱熹的格物窮理說，提出「心即理」、「心外無理」、「心外無物」說。此「心」並非泛指知覺意識活動，乃是指「心體」或「心之本體」而言，這個心之本體也就是從孟子到陸九淵的「本心」的概念，不是現象意識層面經驗的自我，而是先驗的純粹道德主體。此外，陽明晚年提出了「四句教法」：「無善無惡心之體，有善有惡意之動，知善知惡是良知，為善去惡是格物。」第一句指本體，後三句講功夫，整個四句都是「徹上徹下」的功夫，也就是本體與功夫合一。〔註57〕只可惜王學末流，多只求一悟心體，遂有廢書不觀、狂妄自肆而執性廢修之弊，且有滿街都是聖人之譏。尤可留意的是，陽明所說的「無善無惡心之體」與其弟子王畿的心體、意、知、物皆無善無惡之「四無」說，實已超越了先驗的純粹道德主體的範疇。正如陳來所言，四句教中無善無惡的思想，討論的是一個與道德倫理不同面向的問題，指心對任何東西都不執著的本然特性，是人實現理想的自在境界的內在根據。因此，也明顯地吸收了禪宗的生存智慧。〔註58〕

　　關於前二者，馬浮則主張「心具理」。

　　面對諸多分歧的宋明理學，馬浮認為「義理之學最忌講宗派、立門戶，所謂『同人於宗，吝道也』。」〔註59〕他首先肯定：

> 先儒臨機施設，或有抑揚，皆是對治時人病痛，不可執藥成病。程、朱、陸、王，並皆見性，並為百世之師，不當取此捨彼。但其教人之法亦有不同，此需善會，實下功夫。若能見地透澈，自然無疑矣。
> 〔註60〕

由此可見，馬浮向來致力於求其統類，避免局而不通的一貫為學作風。他認為程朱陸王理論系統之別，乃為契機而施設，須站在對治不同病痛的角度來

〔註56〕參照陳來，《宋明理學》，頁220～222。
〔註57〕陳來，《宋明理學》，頁300。
〔註58〕陳來，《宋明理學》，頁318。
〔註59〕《馬一浮集‧爾雅臺答問卷一》（第一冊），頁512。
〔註60〕《馬一浮集‧爾雅臺答問卷一》（第一冊），頁512。

解讀，不應該取此而捨彼。再則，因理論系統有別，功夫的下手處也有所不同，故應善加體會，力求實踐。若能見地通透徹底，自能無所遺漏。同時，他也針對時代的需要，提出了自己的看法：

> 陽明「心即理」說得太快，末流之弊便至誤認人欲為天理。心統性情、合理氣，言具理則可，言即理則不可。〔註61〕

馬浮主要是站在反躬實踐的角度，更見到了王學末流之弊，因此對陽明「心即理」的看法並不苟同。陽明此心若純指全理充盈之心，言心即理並無不可，但對常人而言，此心在日用之間，並非純然是理，尚有人欲的層面，是故「心即理」在乍看之下，不分青紅皂白地，易把人欲直接視為天理而產生流弊，所以馬浮認為「心即理」說得太快了，不如說「心具理」來得穩當。如此一來，此心無論是指靈明知覺之心，或是道德先驗之心，或是全理充盈之心，乃至真常絕待之心等，都只不過顯示出此心與理在合一上之密合度，而不是在本質上立即的等同，這樣才不至於讓人產生以人欲為天理的錯謬。他也說：

> 心兼理氣，統性情。性是純理，無有不善，氣則有善有不善。陽明謂心即理，不如宋儒性即理之說為的當。〔註62〕

> 明儒謂心即理，須是全氣是理時方能如此說。學者需善會。〔註63〕

他指出心、性、情、理、氣間的關係與差異，由於心具體用兩個層面，因此是兼具理氣、統括性情來說的。然而，理乃至善，氣卻有所不善；性是純理，情卻有所駁雜。所以，與其說「心即理」，倒不如說「性即理」，較為妥當。因為「心即理」只有在全氣是理時才是，當全理是氣時，心則非理。然而，馬浮何以不直言「性即理」，卻要說「心具理」？一方面，「性即理」是就理上說；「心具理」，則兼體用言。另一方面，馬浮所言之心，與朱熹所言之心，實大不同。蔡方鹿認為，朱熹所論及的知覺思慮之心、虛靈無限之心等，都是在認識論及倫理學的意義上論心，心並不具有宇宙本體的意義。更何況朱熹是反對心生萬物這一「心即理」思想的要旨的。他（朱子）說：「且天地乃本有之物，非心所能生也」〔註64〕然而，馬浮卻主張「心外無物」，他以為：

> 世人迷執心外有物，故見物而不見心，不知物者是心所生，即心之

〔註61〕《馬一浮集・爾雅臺答問續編卷二》（第一冊），頁591～592。
〔註62〕《馬一浮集・問學私記》（第三冊），頁1142。
〔註63〕《馬一浮集・問學私記》（第三冊），頁1149。
〔註64〕蔡方鹿，《宋明理學心性論》（修正版），頁124～134。

象。汝若無心，安得有物？……智者觀之，一切諸法以緣生，故皆
是無常，是名變易。而汝真心能照諸源，不從緣有，靈光獨耀，迥
脫根塵，緣起不生，緣離不滅，諸無常法於中顯現，猶如明鏡，物
來即照，物去仍存，是名不易。離此不易之心，亦無一切變易之物。
喻如無鏡，象亦不生。〔註65〕

顯而易見地，馬浮論心、物，言「真心」、「緣生」，皆純就佛家的主張立論，
這才是他一貫的根本見解，和朱子全然不同。

二、心與理氣

（一）理與氣

理氣關係在馬浮的本體宇宙論中，業已討論。馬浮提出「理氣合一」之
說，爲了說明「一體圓融」之義，他說道：

理爲氣之體，理即在氣中，氣爲理之用，氣不能離體，故曰理氣只
是一事。〔註66〕

他認爲理氣具體用、顯微的關係，乃不能分離，是同一回事。然，就心性論
上來看理氣，其體用關係就會落實在一一的事相上，故理與氣雖只是一事，
終因氣有駁雜而不能全爲理之用。所以他說：

性唯是理，修即行事，故知行合一，即性修不二，亦即理事雙融，
亦即「全理是氣，全氣是理」也。〔註67〕

馬浮提出在躬身實踐中，理與氣間最理想的狀態即是「全理是氣，全氣是理」，
也就是理事雙融。由此可見，馬浮論理氣，猶如論理事。在理事（氣）一體
圓融的觀點下，他評論了弟子所問之朱熹對禪門的看法如下：

問《朱子語類》卷十四有云：「禪家但以虛靈不昧者爲性，而無具眾
理以下之事。」答云：「不昧即具眾理。禪家有不了當者，祇是說不
昧，未到真不昧耳。」〔註68〕

朱熹認爲禪家談心性只言及虛靈不昧之性（理），而忽略了具眾理之下的事，
意即重理而輕事。馬浮卻以爲理事本不二，理事雙融乃即事即理、即理即事，

〔註65〕《馬一浮集・復性書院講錄・第六卷》（第一冊），頁436。
〔註66〕《馬一浮集・問學私記》（第三冊），頁1142。
〔註67〕《馬一浮集・泰和宜山會語・知能》（第一冊），頁41。
〔註68〕《馬一浮集・語錄類編・四學篇》（第三冊），頁967。

因此，雖只說「（眞）不昧」即是具眾理亦即事也。畢竟，心若眞不昧，雖未發用，則全理是氣；一旦發用，則全氣是理。是故，理氣不一不二。

（二）心兼理氣

對馬浮來說，心與理氣的關係又如何？他說：

> 心兼理氣而言，性則純是理。發者曰心，已發者曰氣，所以發者曰性。性在氣中，指已發言；氣在性中，指未發言。心，兼已發未發而言也。《起信論》一心開二門，一眞如門，二生滅門，與此義相通。〔註69〕

馬浮指出心非即是理，心乃兼理氣。就心與性來看，性純是理，是心之所以能發者；心，則兼體用。當心的作用已發時，則顯現爲氣的形態，此時性在氣中，即是理在氣中；當心的作用未發時，則氣含藏在性中，亦即氣在理中。因此，心乃兼已發和未發兩種形態。他認爲《起信論》一心開二門之義，與此相通。《起信論》云：

> 依一心法有二種門。云何爲二？一者心眞如門，二者心生滅門。是二種門皆各總攝一切法。此義云何？以是二門不相離故。「心眞如者」，即是一法界大總相法門體，所謂心性不生不滅。一切諸法，唯依妄念，而有差別；若離妄念，則無一切境界之相。是故一切法，從本以來，離言說相，離名字相，離心緣相；畢竟平等，無有變易，不可破壞，唯是一心，故名眞如。以一切言說，假名無實，但隨妄念，不可得故。言眞如者，亦無有相。謂言說之極，因言遣言。此眞如體無有可遣，以一切法悉皆眞故；亦無可立，以一切法皆同如故。當知一切法不可說不可念，故名爲眞如……「心生滅者」，依如來藏故有生滅心，所謂不生不滅與生滅和合，非一非異，名爲阿梨耶識。〔註70〕

一心開二門，是指一心有二種門，一爲心眞如門，一爲心生滅門，此二門的關係是不一不異的。如〔唐〕法藏於《大乘起信論義記》中所說：

> 依一心法有二種門，云何爲二？一者心眞如門，二者心生滅門。初中言一心者，謂一如來藏心含於二義：一約體絕相義，即眞如門也。謂非染非淨，非生非滅，不動不轉，平等一味，性無差別……二隨

〔註69〕《馬一浮集・問學私記》（第三冊），頁1143。
〔註70〕馬鳴菩薩造，〔梁〕眞諦譯，《大乘起信論》（CBETA T32n1666_p0576a05-b14）。

　　緣起滅義，即生滅門也。謂隨熏轉動，成於染淨。染淨雖成，性恒
　　不動……然此二門，舉體通融，際限不分，體相莫二，難以名目，
　　故曰一心有二門等也。〔註71〕

此「一心」指的是如來藏心，「開二門」則說明此如來藏心含有二義：約體絕
相和隨緣起滅。前者乃真如門，後者為生滅門。雖說二門，皆為一心。「真如
門是染淨通相」〔註72〕，不論染法、淨法，皆以心真如為體，「生滅門者，是
染淨別相。別相之法，生滅所攝。又，以此是真如與緣和合變作諸法，諸法
既無異體，還攝真如門也。以瓦器收微塵等，以此二門齊攝不二故，得說為
一心也。」〔註73〕生滅門是染淨的差別相，是真如隨緣起滅的，因此亦攝真
如門，此二門互攝不二，故說為一心。心真如，是指心性不生不滅，「自性清
淨心名如來藏」〔註74〕；心生滅，是指心的念念生滅，心生滅者，則是指阿
梨耶識。然而，「依如來藏有生滅心者，謂不生滅心，因無明風動作生滅，故
說生滅心依不生滅心，然此二心竟無二體，但約二義以說相依也。」〔註75〕
生滅心是因真如心隨無明而起的，所以說依如來藏故有生滅心。阿梨耶識是
「不生不滅與生滅和合」，也就是真妄和合，不一不異。阿梨耶識如心真如般
只是假名，也叫藏識，含藏著染淨二法。馬浮所說的心兼理氣，若照一心開
二門來說，也就是一心開理、氣二門。理即心真如門，氣即心生滅門，理固
然是指淨法，氣卻含染淨二法，理氣的關係是不一不異、互相互攝的，理中
有氣，氣中有理，皆在一心。

第三節　心統性情

　　馬浮常以「心兼理氣、統性情」來表述心和理、氣、性、情的關係。其一，
「心兼理氣」主要說明心兼具理與氣兩方面，故不可直言心即理，否則會產生
執性廢修之弊。許寧認為：「馬提出的『心兼理氣』確乎是（馬浮）自己的創見，
發前人所未發。」〔註76〕然而，不難發現馬浮的「心兼理氣」，乃得自他所說的

〔註71〕　〔唐〕法藏撰，《大乘起信論義記》（CBETA T44n1846_p0251b24-c13）。
〔註72〕　〔唐〕法藏撰，《大乘起信論義記》（CBETA T44n1846_p0251c17）。
〔註73〕　〔唐〕法藏撰，《大乘起信論義記》（CBETA T44n1846_p0251c20-c24）。
〔註74〕　〔唐〕法藏撰，《大乘起信論義記》（CBETA T44n1846_p0254c01-c02）。
〔註75〕　〔唐〕法藏撰，《大乘起信論義記》（CBETA T44n1846_p0254b25-b27）。
〔註76〕　許寧，《六藝圓融——馬一浮文化哲學研究》，頁117。

「一心貫萬事，即一心具眾理……理事雙融，一心所攝。」〔註77〕而來。其理事說和華嚴的理事說大有淵源，因此，不妨認爲他的「心兼理氣」，實受華嚴理事關係與《起信論》一心開二門之啓發。若再向上溯源，宋明理學和《華嚴》、《起信》卻早已有所交涉。

其二，馬浮「心統性情」之說，則早見於張載與朱熹。林安梧認爲：

> 馬浮援引了《大乘起信論》「一心開二門」解釋其「心統性情」的理論構造，並以爲他能深得橫渠本旨，其實底子裡，馬一浮仍較近於朱子，而稍離橫渠。〔註78〕

並且說：

> 馬氏以「一心開二門」來解心統性情，其用心乃在調適朱子，務使朱子更進一步，而免去了心性情三分、理氣二分的諸種問題。〔註79〕

他認爲馬浮實遠橫渠而近朱子，但並不等同於朱子，其說乃是對朱子作了「調適而上遂」的詮釋〔註80〕。劉又銘則認爲：

> 陸王學派一向不滿意朱子理學，對朱子理學的詮釋也往往失眞。所謂「析心與理爲二」、「心、性、情三分」的論斷，其實都不是朱子理學的原貌。〔註81〕

因此，他接著說：

> 林安梧認爲馬浮哲學「乃是程朱學調適而上遂的發展」，我則認爲馬浮對朱子哲學作了恰當的、相應的詮釋，然後又有進一步的發展。〔註82〕

這裡所牽涉到的問題，乃在於對朱子的不同理解上〔註83〕。換言之，這是專就宋明理學的角度，來討論馬浮哲學定位究竟是屬於程朱、陸王或是二者之

〔註77〕《馬一浮集・復性書院講錄第一卷・學規》（第一冊），頁111。
〔註78〕林安梧，〈馬浮經學的本體詮釋學探源〉，吳光主編，《馬一浮思想新探》，頁117。
〔註79〕林安梧，〈馬浮經學的本體詮釋學探源〉，吳光主編，《馬一浮思想新探》，頁118。
〔註80〕林安梧，〈馬浮經學的本體詮釋學探源〉，吳光主編，《馬一浮思想新探》，頁118。
〔註81〕劉又銘，〈馬浮的哲學典範及其定位〉，吳光主編，《馬一浮思想新探》，頁134。
〔註82〕劉又銘，〈馬浮的哲學典範及其定位〉，吳光主編，《馬一浮思想新探》，頁135。
〔註83〕參閱劉又銘，〈馬浮的哲學典範及其定位〉，吳光主編，《馬一浮思想新探》，頁135～144。

融合。然而，若以馬浮橫跨儒佛二家的事實，來論究馬浮的思想，這顯然又是另一番風貌。以下，先就性、習、情三者的關係來討論之。

一、性、習、情

（一）性與習

習，即習氣，往往與煩惱並稱。煩惱斷除後，習氣猶存，如瓶中之香水已倒盡，瓶內香氣依舊，足見習氣之難以拔除。馬浮曾說：

> 爲學功夫，於變化氣質之外，應加刊落習氣一層。〔註84〕

可見光是變化氣質還不夠，必要刊落習氣，才能顯露自性。他也說明了性與習的關係，如下：

> 性爲人所同具，是公共之物；習爲後天所起，則人各不同。又曰：
> 性是眞常，習是虛幻，眞常不變，虛幻則隨時可以變易。〔註85〕

自性是人人所同具的，眞常而不變；習氣是來自後天的染著，皆爲虛幻，遂有生滅，隨時可以變易。然而，習氣往往把自性給遮蔽住了，令自性汩沒而無法現起，因此他說：

> 大凡立教，皆是不得已之事。人人自性本來具足，但爲習氣纏縛，遂至汩沒，不得透露。所以從上聖賢，只是教人識取自性，從習氣中解放出來。習氣廓落，自性元無欠少，除得一分習氣，便現得一分自性。上根之人，一聞千悟，撥著便轉，觸著便行，直下承當，何等駿快，豈待多言？但上根難遇，中根最多，故孔子曰：「中人以上，可以語上也；中人以下，不可以語上也。」佛氏亦有三乘頓漸，教啓多門，令其得入，皆是曲爲今時廣垂方便，所謂「爲慈悲之故，有（入）〔落〕草之談」也。〔註86〕

自性是不增不減的，若能從習氣中解放出來，即能得見自性。因此聖賢立教，都只爲了教人識取自性而已，然而「性要自見，他人不能使之見」〔註87〕，若得遇上根之人，只見他即聞即悟即行即轉，當下承當，速如電光！只可惜，中根最多！即便如此，亦應力知性習之別，方得有下手之處。他指出：

〔註84〕《馬一浮集・語錄類編・儒佛篇》（第三冊），頁1050。
〔註85〕《馬一浮集・問學私記》（第三冊），頁1150。
〔註86〕《馬一浮集・泰和宜山會語》（第一冊），頁80。
〔註87〕《馬一浮集・問學私記》（第三冊），頁1153。

習可變易，性是不易，從變易中見不易，性、習不二也。〔註88〕

馬浮以爲性與習不是截然二分，習中可見性，即是從變易中見不易，故而「性習不二」。因此，一旦習氣闊落，便全體是性。他又以撥灰見火提示門人說：「撥灰然後火出，破習然後性見。學者須有破習工夫，才能談得上見性。」〔註89〕此破習顯性之說，亦無異於宗密所言：「執情破而眞性顯，即泯絕是顯性之宗；習氣盡而佛道成，即修心是成佛之行。」〔註90〕

（二）性與情

馬浮說：

> 性即心之體，情乃心之用。離體無用，故離性無情。情之有不善者，乃是用上差忒也，若用處不差，當體即是性，何處更覓一性？凡言說思辨皆用也，若無心，安有是？若無差忒，安用學？將心覓心，轉說轉遠。〔註91〕

朱熹認爲，性情不僅互爲體用，而且性是心之體，情是心之用，心則是晐括體用的總體，性情都只是這一總體的不同方面。〔註92〕馬浮顯然上承朱子之說，認爲性、情乃心之體用。換言之，性情乃一體一用，亦是不二，由心統括之。他又說：

> 性爲純理，無有不善，情雜氣質，有善有不善。氣順性爲善，氣悖性則爲惡。〔註93〕

性本無不善，但情夾雜著氣質，是透過氣來發用的，故而有善有惡。氣若順著性來發動則爲善，氣若悖離性而發動則爲惡。因此，性與情的關係還可以進一步發揮：

> 性其情者，情皆順性，則攝用歸體，全體是用，全情是性，全氣是理矣。〔註94〕

就體用關係來說，若能「性其情」，情皆順著性而發用，就是攝用歸體，喜怒哀樂皆爲性之顯發，而非私意之所矯作，如此一來則「全性是情，全情是性。

〔註88〕《馬一浮集・問學私記》（第三冊），頁1179。
〔註89〕《馬一浮集・語錄類編・教學篇》（第三冊），頁1127。
〔註90〕〔唐〕宗密述，《禪源諸詮集都序》卷2（CBETA T48n2015_p0407b06-b08）。
〔註91〕《馬一浮集・爾雅臺答問續編卷二》（第一冊），頁572。
〔註92〕陳來，《宋明理學》，頁201。
〔註93〕《馬一浮集・問學私記》（第三冊），頁1149。
〔註94〕《馬一浮集・泰和宜山會語》（第一冊），頁65。

發而中節，則全情是性。」〔註95〕也就是全氣是理。相對的，若是「情其性」，則「性既隨情，則全眞起妄，舉體成迷，唯是以氣用事，而天理有所不行矣。」〔註96〕亦即「顚倒錯亂，則全性是情。」〔註97〕然而，無論是「性其情」或是「情其性」，都取決於一心。

二、心與性情

（一）一心開二門

馬浮以《起信論》之「一心開二門」來釋心統性情，他指出：

> 依《起信論》一心二門，性是心眞如門，情是心生滅門，乃有覺與不覺二義。隨順眞如，元無不覺，即是性其情；隨順無明，乃成不覺，即是情其性。眞如離言說相，故明道云：「纔說性時便已不是性了。」從來說性，只是說個「繼之者善」，是即生滅門中覺義也。一體二相義與生滅門二義相應，然橫渠本意則是說「一心二門」也。……如全水是波，全波是水，覺體相與不覺體相皆此一心所作。體字稍粗，性字較細。覺與不覺皆是相，轉不覺爲覺，乃是其用也。〔註98〕

一心二門，就心、性、情的關係來說，是指一心統該性與情二門。覺與不覺則是針對情而說的，情若能隨順性，則元無不覺；若順無明，即爲不覺。性是離於言說的，向來說性只能側說「繼之者善」，也就是情中之覺義。換言之，性是不可說、不可見的，但是發之於情之後，則可從發而皆中節處得見之。因此，馬浮認爲一體二相之義和生滅門的覺與不覺二義相應，而橫渠本意說的正是「一心二門」。然而，覺與不覺都是相，皆爲一心所作，因此轉不覺爲覺，則是一心之大用。於此，橫渠本意是否爲「一心二門」乃非本文重心，姑且不論。

（二）心統性情、該理氣

馬浮認爲若言心即理，則情字沒安放處，他說：

> 心統性情，即該理氣。理行乎氣中，性行乎情中。但氣有差忒，則

〔註95〕《馬一浮集・語錄類編・四學篇》（第三冊），頁967。
〔註96〕《馬一浮集・泰和宜山會語》（第一冊），頁66。
〔註97〕《馬一浮集・語錄類編・四學篇》（第三冊），頁967。
〔註98〕《馬一浮集・爾雅臺答問續編卷二》（第一冊），頁571～572。其中，原文標點誤作：「覺與不覺，皆是相轉，不覺爲覺，乃是其用也。」今易之如上述。

理有時而不行；情有流失，則性隱而不現耳。故言心即理則情字沒
安放處。〔註99〕

馬浮在此總結了心統性情和心兼理氣之說。他認為理氣和性情同為體用關
係，但是情和氣往往不能全然順性、理而行，故使性、理隱而不顯，因此，
如果說「心即理」即心等同於理，那麼當情悖性時，情字就無處安放了。可
見，他說心統性情和心兼理氣，雖仍沿用宋明理學的話語，但其究竟根源還
是來自《起信論》。

第四節　本章小結

我們可依下列二圖，更清楚地看出馬浮以《起信論》一心開二門來詮釋
「心統性情」和「心兼理氣」的架構：

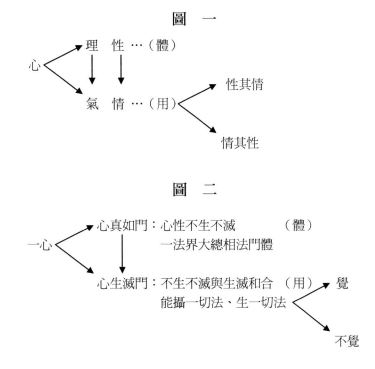

圖　一

圖　二

在此鮮明地對比之下，顯而易見地，二者的架構完全一致。馬浮何以用《起
信論》的「一心開二門」來詮釋宋明理學的心性論呢？這絕非義理上的巧合，

〔註99〕《馬一浮集・爾雅臺答問續編卷四》（第一冊），頁 672～673。

也不是馬浮有意的融通，而是馬浮不自覺地以佛學為本，對儒學的進一步開展。

同樣地，馬浮何以用佛家常言的性德，作為其討論儒家義理時獨一無二的標幟？這不能不說是受佛家義理長久薰習之故，但光有薰習而無認同，亦是不至於如此。因此，他說性德即是無生義，也就可想而知了。

再者，馬浮所言之「心性」，究竟為何？綜合上述可知，其所言之「心」，既非陸王之道德先驗的本心，亦非朱子靈動知覺之心，乃宗密所判《華嚴》圓教之本覺真心〔註100〕；其所言之「性」，雖謂「自性」，卻等同佛性。〔註101〕

事實上，《大乘起信論》在法藏的《疏》和《義記》之後，其「一心開二門」的思想架構，經由宗密（780～841）的推廣和延壽（904～976）的加工，早已成為中國佛教核心思想的基礎。〔註102〕不可否認的，對宋明理學心性論的開展亦功不可沒！然而，馬浮的心性論，卻是穿越了宋明儒，又回歸到《大乘起信論》！

〔註100〕董群，《宗密的融合論思想研究》（中國人民大學博士論文，1993），收入《中國佛教學術論典》17，頁338：「宗密講的一真法界，就是清淨本覺靈知真心，眾生的主觀自心，他說：『一真者，未明理事，不說有空，直指本覺靈源也。』這種本覺靈源，也就是圓覺妙心，從本質上講，法界、一真法界、圓覺、真心、真界，都是同一層次的概念。一真法界只是一個空寂之體，沒有理和事的區分，也沒有空和有的分別，相當於《起信論》中依一心而開二門的「一心」。『《起信論》於此一心，方開真如、生滅二門，此明心即一真法界。』」
〔註101〕〔唐〕宗密述《原人論》卷1（CBETA T45n1886_p0710a11-a13）：「一乘顯性教者，說一切有情皆有本覺真心，無始以來，常住清淨，昭昭不昧，了了常知，亦名佛性，亦名如來藏。」
〔註102〕冉雲華，〈論中國佛教核心思想的建立〉，《中華佛學學報》13，2000年7月，頁422。

第四章　工夫論
——非徹證二空，不名克己

　　儒佛兩家皆爲躬身實踐之學，二者之工夫論與心性論都緊密相結合，因此，馬浮認爲儒佛之道，並皆指向「見性」。他在《爾雅臺答問續編》中答黃君時，清楚地揭示見性的一貫修習方法，首先，先明歸趣，亦即「立志」，馬浮說明儒佛之言教皆以「明性道」爲依歸。他指出：

> 無論儒佛，凡有言教，皆以明性道爲歸。然見性者多，盡性者少；說道者多，行道者少。若其門庭施設，方便應機，大都曲爲今時，亦不可爲典要。唯有指歸自己一路是眞血脈。故凡學道人，必以見性爲亟。見性方能行道，行道方能盡性，然後性道不是空言。〔註1〕

是故，要先「見性」方能「行道」，能「行道」才能「盡性」，這是切實可行的實踐之道，並非空言。馬浮認爲儒佛兩家見性者多而盡性者少，再則，說的多，做的少。至於儒佛的各種接引門人的方式，皆因順應根基而有所差別，時代不同，亦不可強執之以爲典範。〔註2〕因此，要認清方向，只有指歸自己，才是眞正的道路。馬浮直言：

> 今日能從四弘誓願做起便好。佛氏所謂發願即吾儒所謂立志，果能立志，氣自從之。平常爲氣所勝、習所奪者，只是志不立耳。〔註3〕

〔註1〕　《馬一浮集・爾雅臺答問續編卷五》（第一冊），頁682。
〔註2〕　1938年，對日抗戰期間，馬浮爲浙大師生講國學時，特爲拈出張載「爲天地立心，爲生民立命，爲往聖繼絕學，爲萬世開太平」四句教，以教諸生立志。參見《馬一浮集・泰和宜山會語》（第一冊），頁4～8。
〔註3〕　《馬一浮集・爾雅臺答問續編卷一》（第一冊），頁569。

對馬浮來說，發四弘誓願與儒者立志並無不同。然細究四弘誓願之願文：「眾生無邊誓願度，煩惱無盡誓願斷，法門無量誓願學，佛道無上誓願成。」則可推知，馬浮所主觀認定的儒家之立志，其終極處乃在於斷盡煩惱，誓證佛道。

其次，他認為見性之道，必須建立在正確的「知見」上，他說：

> 先要知見正，功夫密，久久純熟，時至理彰，方得驀地日用處自然合轍，乃可與古人把手共行。到此田地，一切平常，並無奇特。知見正，在讀書窮理，就善知識抉擇，不輕疑古人，不輕信時人。到知得徹時，觸處洞然，自不留餘惑。〔註4〕

若要知見正，必須讀書窮理，親近善知識以抉微，切勿輕率疑古崇今。一旦知見通透，觸物即真，日用皆道，一切平常，方得以和古人齊肩並行。更何況「從上聖賢垂語已多，但能著眼於抉發人心之病痛者，便是第一等善知識，隨處可遇。」〔註5〕再者，馬浮主張「體用一原，即工夫，即本體」〔註6〕，在日用間，必得要「功夫密」，才能久久純熟，他說道：

> 功夫密在日用上，無論動靜語默，應緣涉境，違情順情，總是一般。行得徹時，無入而不自得，佛氏喚作塵塵三昧，如此乃有相應分。切莫得少為足，貪著靜境界以為勝妙，須知此皆自己識心變現，非是實有，若生取著，翻成障道。如仁者自述所歷諸境，從前自以為得力者，不久遇緣，即又變易。當病不知人時，向所謂靈光者何在邪？固知常住真心、至誠無息者不當如是也。〔註7〕

功夫的綿密，是用在日常生活之中，無論是動是靜，或言或默，應緣涉境，逆情順心，皆視同一般。若能行得徹底，將無所往而不自適，佛家稱作「塵塵三昧」。他亦同時指出，不應貪著禪定的境界以為勝妙，應了知這一切都只是識心所變幻的把戲而已，倘生執取心，反將成為道上之障礙。若真得力於常住真心、至誠無息，則遇緣或病，亦皆如是，而無別異。於此，我們又見到馬浮將「常住真心」與「至誠無息」並舉，是故對他而言，這兩者實是同一回事。所謂「塵塵三昧」，即於一微塵中入一切之三昧。《華嚴經》稱一塵之中現無量剎，入一微塵中三昧，即表示一切諸法事事無礙之理。〔註8〕馬浮

〔註4〕 《馬一浮集・爾雅臺答問續編卷五》（第一冊），頁682。
〔註5〕 《馬一浮集・爾雅臺答問續編卷五》（第一冊），頁680。
〔註6〕 《馬一浮集・爾雅臺答問續編卷五》（第一冊），頁679。
〔註7〕 《馬一浮集・爾雅臺答問續編卷五》（第一冊），頁682。
〔註8〕 參見慈怡主編，《佛光大辭典》，「塵塵三昧」條，頁5764。

以之言說功夫，可見他認爲定靜功夫雖然重要，卻不可耽溺於此。又，馬浮亦說明儒佛兩家的入手處，皆從讀儒書、覽佛乘爲始：

> 欲圖見性盡性，中土聖賢，其言簡要，實已該攝無餘。佛氏之義學、禪宗，料簡益詳，並資牖啓，而禪宗鏟除情見，尤爲直截。但學者不明古人機用，或隨語生解，無有入處，故信不及，轉爲名言所縛耳。足下今日若能滌除舊解，一意儒書，引歸自己，直下承當，行之自有受用。或欲瀏覽佛乘，則先看《楞嚴》、《圓覺》，再閱《五燈》。古德機緣，於情識所不能領會處，忽然觸著磕著，必有見性分。然後終日所行，莫非是道，夫孰能禦之？然切忌卜度穿鑿，勿將動靜打成兩橛，心境分爲二事，如此亦可思過半矣。〔註9〕

馬浮以爲儒佛的歸趣都在於「見性」，唯有見性才能「行道」，行道方能「盡性」。同時，他認爲儒佛所見之性，並無二致。在方法上，儒學簡要，賅攝無餘，便於學人；禪宗雖直截，卻易隨人生解，無有入處。因此他建議讀儒書、覽佛乘的要領皆在於「指歸自己」，待功夫純熟之後，瞥然一觸，自能見性，乃至於「盡性」。可見，馬浮是針對時下之人的病痛處，來揭示他所抉擇之最適時、契機的方法，來尋求絕大多數人都適用之道路，因此是儒是佛，在他心中並非判然劃分。以下，我們將就知見徹正與工夫綿密二者，來探究馬浮的工夫論。

第一節　知見徹正

一、窮理致知

「知」即是見地。馬浮說：「知是本於理性所現起之觀照，自覺自證境界，亦名見地。」〔註10〕他認爲聞見之知不是眞知，需「是自己證悟的方是親切，方是眞知。」〔註11〕唯是眞知，方可久。「理」即是義理。馬浮說：

> 義理本人心所同具，然非有悟證，不能顯現。悟證不是一時可能，

〔註9〕《馬一浮集‧爾雅臺答問續編卷五》（第一冊），頁682～683。此中標點，原作：「佛氏之義學，禪宗料簡益詳，並資牖啓，而禪宗鏟除情見，尤爲直截。」今易之如上。

〔註10〕《馬一浮集‧泰和宜山會語》（第一冊），頁42。

〔註11〕《馬一浮集‧泰和宜山會語》（第一冊），頁42。

根器有利鈍，用力有深淺。但知向內體究，不可一向專恃聞見，久久必可得之。〔註12〕

古人之書固不可不讀，須是自己實去修證，然後有入處。否則即讀盡聖賢書亦是枉然。〔註13〕

由此可知，窮究義理與證悟見地是同一回事，必須向內體究，不是聽聞而來。馬浮又言：「理之本體，即性，是要自證的，非言說可到。」〔註14〕因此，窮理乃可致知，致知即能見性，原是一事。那麼，馬浮所欲致之「知」，所欲見之「性」，究竟為何？我們可就馬浮論明心見性與盡性來探其「知」，就讀書窮理以究其「理」。

（一）明心見性

馬浮在《爾雅臺答問》中，曾對欲治哲學之許君提出建言，他懇切地說道：

奉勸賢者將此等哲學思想暫時屏卻，專讀中土聖賢經籍及濂、洛、關、閩諸儒遺書。不可著一毫成見，虛心涵泳，先將文義理會明白，著實真下一番涵養工夫，識得自己心性義理端的，然後不被此等雜學惑亂，方可得其條理。切莫輕下批評，妄生取捨，始有討論處。另有一法，則研究佛乘。將心意識、諸法名相認識清晰，然後知一切知解只是妄心計度，須令鏟除淨盡。習氣一旦廓落，大用自然現前。回頭再讀諸書，自能具眼，知所抉擇，更無餘疑，直下受用。但此二途俱非痛下一番工夫不可。〔註15〕

對馬浮而言，行之於儒、佛，皆可識己之心性義理，剷除妄心與習氣，令大用現前，但都得痛下工夫。因此，馬浮認為儒佛所言之心性並無不同，他說道：

儒、佛等是閒名，自家心性卻是實在。盡心知性亦得，明心見性亦得，養本亦得，去障亦得，當下便是亦得，漸次修習亦得，皆要實下工夫。〔註16〕

若要體悟心性，儒之「盡心知性」，佛之「明心見性」，無論是表是遮，或頓

〔註12〕《馬一浮集・泰和宜山會語》（第一冊），頁37。
〔註13〕《馬一浮集・問學私記》（第三冊），頁1140。
〔註14〕《馬一浮集・泰和宜山會語》（第一冊），頁37。
〔註15〕《馬一浮集・爾雅臺答問卷一》（第一冊），頁528。
〔註16〕《馬一浮集・爾雅臺答問續編卷四》（第一冊），頁669。

或漸，只要實下工夫，並無二致。是故，無論是用儒家的工夫或用佛家的工夫，都能體究心性，無疑的，這是把儒佛兩家的心性等同了起來。又：

> 須知「至誠無息」是本體如然，「三月不違仁」與「日月至焉」是工夫疏密。「誠」是言此性體眞實不妄，「仁」是就此性中之德顯發處來説……瞥爾一念相應，是日月之至；念念相應，方是不違。言「至」與「不違」者，皆與此無息之本體相應也……故曰：「君子無終食之間違仁，造次必於是，顛沛必於是。」所以極言其保任不失也……洞山云：「相續也大難。」此是眞實功夫語……須是自驗現前一念發動處是仁是不仁……若「至誠無息」，乃顯眞常之體，需親證法身始得，不得揣量……吃緊處尤在識仁，直下薦取，更莫遲疑。〔註17〕

心之大用在於以明覺力念念識得此性體，此性體或曰「仁」、曰「誠」、曰「性」、曰「至誠無息」皆無不可，重點是要能念念相續，才是工夫所在。換言之，一旦瞥見此性體之後，須進一步保任不失。直至言語道斷、心行處滅而證得法身，乃全顯眞常之體，方可謂「至誠無息」。由此可見，馬浮直是過來人，然而，就佛家言，不證空性，焉能證得法身？見性，也只是一個發端而已。其次，論見性與盡性。

（二）見性盡性

馬浮進一步提出：

> 儒佛等是閒名，心性人所同具，古來達德，莫不始於知性，終於盡性。眾庶則囿於氣質，蔽於習俗，不能知性，故不能率性，謂之虛生浪死。唯知性而後能率性，（自注：循理由道，不隨習氣。）率性而後能踐形（自注：極聰盡明，不存身見。）踐形而後能盡性，（自注：察倫明物，不限時劫。）如此則庶幾矣。〔註18〕

是故，馬浮認爲知性（見性）只是一個開始，必得盡性方爲究竟。他說明要能知性方能率性，率性然後能踐形，踐形而後才能盡性。這是一套結合認識論、工夫論與心性論的傳統儒家盡性之道，這裡他點出了性習之別，能踐形則不存身見，盡性則能破除時空的限制，並全體洞察人、事、物而一一分明不紊。在此，特別要注意的是，「不存身見」是佛法中的義理，身見即是執著

〔註17〕《馬一浮集‧爾雅臺答問卷一》（第一冊），頁502～503。
〔註18〕《馬一浮集‧濠上雜著初集》（第一冊），頁743。

「我與我所」為實有的妄見，能破除身見則能證得人無我，即我空。但，何以馬浮於此要論及我空呢？此外，儒佛之盡性是否有別？

> 二乘人不發大心，祇有智而無悲，是見性，未能盡性。盡性者，本與天地萬物渾然一體。聖人無己，靡所不己，不見有眾生可捨，亦不見有眾生可度，蓋莫非自己性分內事也。修普賢行者便是如此。欲從文殊門入者，須修杜順《華嚴法界觀門》，深入圓觀。欲修普賢行，須依《普賢行願品》真實踐履……善財參五十三員善知議，發跡於文殊，歸究於普賢，是為悲智雙融。成己，仁也；成物，智也。物我不二，仁智相成，在儒方為盡性，在佛氏謂之成佛。故至誠者合仁與智為一體，佛者合文殊、普賢為一人。〔註19〕

馬浮首先劃清了二乘和大乘之別。他認為聲緣二乘之見性只有智而無悲，大乘盡性則悲智雙融，合文殊普賢為一人，亦即成佛；儒家盡性則仁智相成、成己成物、物我不二，合仁與智為一體，謂之至誠。因此，馬浮認為儒之盡性，即佛之成佛，二者並無不同。但成佛的工夫要如何下手呢？他認為從智（文殊）入手，需深入圓觀，則修杜順的《華嚴法界觀門》；從普賢行願入手，則須依《普賢行願品》真實踐履。《華嚴法界觀門》是依真空觀而理事無礙觀，進至周遍含容觀，乃「一道豎窮，展轉玄妙。」〔註20〕即是以空色無礙的真空觀為圓觀的起點，輾轉增上，直至周遍含容觀之法界緣起圓融無礙。何謂真空觀？澄觀在《華嚴法界玄鏡》之中明言道：

> 言真空者，非斷滅空；非離色空，即有明空，亦無空相，故名「真空」。〔註21〕

此所謂真空，即是《大般若經》中所言之「畢竟空……一切法空……自性空……」〔註22〕《大智度論》說：「種種諸名，皆是因緣和合生故無自性，無自性故畢竟空。」〔註23〕由此可見，馬浮論工夫之指歸，乃立基於佛家圓教觀點，實以杜順《華嚴法界觀門》為宗，並以空觀為核心，以華嚴的理事圓融言儒之體用不二，以佛性融通心性。然而，「今人一言一行，總是浮偪偪底，

〔註19〕 《馬一浮集・爾雅臺答問續編卷二》（第一冊），頁 567。
〔註20〕 〔唐〕宗密註，《註華嚴法界觀門》卷 1（CBETA T45n1884_p0684c07-c08）：「此三但是一道豎窮，展轉玄妙。」
〔註21〕 〔唐〕澄觀述，《華嚴法界玄鏡》卷 1（CBETA T45n1883_p0672c22-c24）。
〔註22〕 〔唐〕玄奘譯，《大般若經》卷 3（CBETA T05n0220_p0013b24-b26）。
〔註23〕 〔後秦〕鳩摩羅什譯，《大智度論》卷 35（CBETA T25n1509_p0319c19-c20）。

略無沈著意味，安能有入？」〔註24〕現代人「由於見地未明，總被習氣纏縛」
〔註25〕因此最穩當的方法，乃在於先讀書窮理。

（三）讀書窮理

然而要如何窮理？於儒，馬浮認爲讀經最爲要緊，他說：

> 學者用力之方，讀經最爲要緊，蓋經爲義理之總匯，薰習既久，則
> 知見、習氣不知不覺間可逐漸消除，初念亦可逐漸發露。然亦必須
> 將經義一一切己體會，返躬實踐，方有益處。否則專求文字訓詁，
> 轉增知見，無益也。〔註26〕

經是義理的總匯，若能正確讀經，則薰習益久，可消除錯見和習氣，令初念
逐漸發露。他說：「唯緣義理，即爲正念」〔註27〕，又如馬浮引《起信論》云：
「一念相應，覺心初起，心無初相，以遠離微細念故，得見心性，心即常住，
名究竟覺。」〔註28〕因此，讀經不可只求文字訓詁，必須將義理一一體會，
令初念（即始覺）萌發，則可得見心性，才眞有所助益。讀經是爲了窮究義
理，那麼該讀何經？他指出初學者當先讀《四書》：

> 《五經》不易讀，初學當先讀《四書》。若《四書》裡字字句句體會
> 透徹，都無疑惑了，再看《五經》，自然迎刃而解。若欲與《四書》
> 並看，最好先看《禮記》。《禮記》中亦有漢人附益之處，然大部份
> 是七十子之言，且切近日用倫常，學者讀之，容易受益。〔註29〕

若依次第，宜先讀《四書》再看《五經》；若要二者並讀，則先取《禮記》和
《四書》合看，因爲《禮記》較切近日用倫常，可以當下實踐，容易受用。
讀經，著重在字字體會透徹，了無疑惑，他說：

> 多見多聞，須是不疑不殆了方有受用。若專事聞見之博，於義理了
> 無體會，則聞見愈多，疑殆愈甚，疑殆愈多，迷惑愈甚，有何益耶？
>
> 〔註30〕

見聞多固好，但須毫無疑殆，否則迷惑轉深，一點用處也沒有。所以，要體究

〔註24〕《馬一浮集·爾雅臺答問續編卷二》（第一冊），頁568。
〔註25〕《馬一浮集·爾雅臺答問續編卷二》（第一冊），頁568。
〔註26〕《馬一浮集·問學私記》（第三冊），頁1138。
〔註27〕《馬一浮集·泰和宜山會語》（第一冊），頁84。
〔註28〕《馬一浮集·泰和宜山會語》（第一冊），頁87。
〔註29〕《馬一浮集·問學私記》（第三冊），頁1163。
〔註30〕《馬一浮集·問學私記》（第三冊），頁1181。

義理，方能見理諦實，「見理諦實，自然能覺照不失。所以失照者，見理未諦故。」
〔註31〕因此，當弟子問及當今學禪人的弊病何在？他指出，在於不善學：

> 以風問：今有許多學禪之人固執己見，較人更甚，其病在什麼處？
>
> 先生曰：病在不善學。古德教人何嘗如此？如不善學，則醍醐反成
> 毒藥。〔註32〕
>
> 禪學亦有病，在不讀書窮理。〔註33〕

可見，即使於佛，馬浮亦主張讀書窮理，否則精華如醍醐，反倒成了毒藥，
為害更劇！然而，馬浮又何必返歸儒家經典，由佛典入手，何嘗不可？那是
因為佛氏「經論浩博，亦需就善知識抉擇，方有入處。」〔註34〕並非一般人
所能及，而他力主人人皆可行之的易簡之道！

二、易簡之道

（一）不變隨緣，隨緣不變

馬浮每言義理，必歸宗於《易》，他說道：

> 知《易》是最後之教，此章（按：即「予欲無言」一章）亦是聖人
> 最後之言。如佛說：我四十九年不曾說一字而涅槃，扶律談常，實
> 為末後之教。故《涅槃》之常樂我淨四德，亦如《乾》之元亨利貞
> 也。此非言說所及，必須自悟。〔註35〕

馬浮認為聖人之「最後之教」與佛陀之「末後之教」，乃精華所在，然實出一
轍。事實上，以常樂我淨與元亨利貞相匹配，前人早已論及。但馬浮顯然不
是單就義理上來說，而是站在證悟上來說。此外，馬浮論《易》喜就三易而
論，他說：

> 只明變易，易墮斷見；只明不易，易墮常見。須知變易元是不易，
> 不易即在變易，雙離斷常二見，名為正見，此即簡易也。〔註36〕

他說明簡易之所以為正見，是因雙離斷常二見之故。馬浮又以《起信論》之

〔註31〕《馬一浮集》（第一冊），頁 610。
〔註32〕《馬一浮集・問學私記》（第三冊），頁 1156。
〔註33〕《馬一浮集・問學私記》（第三冊），頁 1153。
〔註34〕《馬一浮集・爾雅臺答問卷一》（第一冊），頁 532。
〔註35〕《馬一浮集・復性書院講錄第二卷・易教下》（第一冊），頁 189～190。
〔註36〕《馬一浮集・泰和宜山會語》（第一冊），頁 38。

體相用三大，來說明三易，他說：

> 《易》教實攝佛氏圓頓教義。三易之義，亦即體、相、用三大：不
> 易是體大，變易是相大，簡易是用大也。……學者當知佛氏所言生
> 滅即變易義；言「不生不滅」者，即不易義；若「不變隨緣，隨緣
> 不變」，即簡易義也。〔註37〕

他認爲《易》教涵攝了佛氏的圓頓教義，因此，易之不易、變易和簡易正好
代表了體、相、用三大。在《起信》，不變即是不生不滅，是眞如門；隨緣即
是生滅，是生滅門，若能了知「不變隨緣，隨緣不變」，即是簡易。因此，體
相用三大是不可分的。猶如宗密所說：

> 然無量義統唯二種：一不變，二隨緣。諸經只說此心隨迷悟緣成，
> 垢淨凡聖、煩惱菩提、有漏無漏等，亦只說此心垢淨等時，元來不
> 變，常自寂滅，眞實如如等。設有人問說：何法不變，何法隨緣？
> 只合答云：心也。不變是性，隨緣是相。當知性、相皆是一心上義。
> 〔註38〕

故知，宗密以爲只言「不變」或單說「隨緣」是不足的，事實上，「不變」與
「隨緣」皆是「一心」，二者唯有性、相之別。可見，馬浮受宗密思想影響之
深，亦可得而見之！

（二）全性起修，全修在性

馬浮認爲本體和工夫是不可分的，他說：

> 全性起修，即本體即功夫；全修在性，即功夫即本體。修此本體之
> 功夫，證此功夫之本體，乃是篤行進德也。〔註39〕

因此，性是本體，修是工夫，二者是一非二，乃性修不二。無論是談性修、
理氣或理事關係，馬浮以爲易簡之道，即在於「全性起修，全修在性」〔註40〕、
「全氣是理，全理是氣」〔註41〕、「從性起修，舉理成事，全修在性，即事是
理」。〔註42〕可見，馬浮之易簡和華嚴之理事關係甚深。然而，就尋個入手處
而言，他認爲儒家較佛家更易持循。

〔註37〕《馬一浮集・復性書院講錄第二卷・易教下》（第一冊），頁188～189。
〔註38〕〔唐〕宗密述，《禪源諸詮集都序》卷1（CBETA T48n2015_p0401b23-b28）。
〔註39〕《馬一浮集・復性書院講錄第一卷》（第一冊），頁121。
〔註40〕《馬一浮集・泰和宜山會語》（第一冊），頁41。
〔註41〕《馬一浮集・泰和宜山會語》（第一冊），頁38。
〔註42〕《馬一浮集・泰和宜山會語》（第一冊），頁42。

（三）破相繁博，顯性簡要

馬浮指出：

> 佛性唯證能知，非泛泛閱覽教乘，依少分相似知解便可謂得諸宗。
> 經論浩博，亦需就善知識抉擇，方有入處。不如返而求之六經，儒
> 家言語簡要，易於持循，然先須立志始得。〔註43〕

佛門經論過於浩瀚，需就善知識點撥，才有入處；即或已入，也不是隨意瀏覽教乘，依著一知半解，即可辨諸宗、證佛性。然而，儒家言語簡要，易於持守依循，因此，不如返歸六經。再則，他又說道：

> 佛老多以破相爲事，故立言繁博。儒家則直以顯性爲宗，故言語簡要。
> 不離視聽言動，不出日用倫常，皆道之流行，不必破相，而諸相皆性
> 之顯現，并不足爲害。此與二氏之學有霄壤之隔，不可不知。〔註44〕

> 佛家權始偏小各教，蓋爲破除當時外道之邪計，故如此說，全屬破
> 相一宗。至圓教、頓教，抉示根源，直顯眞如法界，方是顯性之言，
> 與中土儒學相當。然儒家直顯實理，沒有許多絡索，故言語尤爲簡
> 要。〔註45〕

馬浮認爲佛老多破相，破相則反說，所以不得不立言繁博；儒家乃顯性，顯性則正說，一切不離日常之視聽言動，諸相皆性之所顯，因此言語簡要。唯有圓教、頓教，抉示根源，直顯眞如法界，與儒學相當。正如滕復所言：「簡要、簡實，這是馬一浮對於儒學的最根本的評價，也是一個極高的評價。」〔註46〕是以，馬浮論工夫，多用儒家修身養性之工夫話語，並與佛家之工夫相對應。

第二節　工夫綿密

馬浮主張「即本體即功夫」、「即功夫即本體」，因此在論工夫時，往往不是直就本體與工夫合論，就是呈現多頭馬車之方式散論，或言「忠信篤敬」，或說「克己復禮」，或講「居敬知言」，乃至「涵養致知與止觀」。今統而括之，在儒，即「涵養與察識」；在佛，即「止觀」。二者可並而論之。此外，馬浮更以「去矜」爲徹上徹下之工夫。然而，就馬浮看來，在儒在佛並無不同。

〔註43〕《馬一浮集・爾雅臺答問卷一》（第一冊），頁532。
〔註44〕《馬一浮集・問學私記》（第三冊），頁1146。
〔註45〕《馬一浮集・問學私記》（第三冊），頁1168～1169。
〔註46〕滕复，《馬一浮思想研究》，頁210。

一、涵養與察識

涵養與察識，乃宋明理學之工夫論所在，二者之工夫次第，即爲朱陸異同之辨，歷來眾說紛紜。馬浮則認爲「朱子重涵養非輕察識，陸子重察識亦非輕涵養」，〔註47〕同時，他也說：

> 察識不能一悟便了，悟後亦必有涵養工夫以保任之，然後察識方能精純。若只察識而不涵養，則本源未清，物欲夾雜，其弊至以人物爲天理，故王學末流，多成狂禪。不如先事涵養，察識自在其中，工夫穩當，蓋未有有涵養而無察識者。故朱子教人從涵養入手，眞是千了百當，學者不可不知。〔註48〕

馬浮指出朱子教人從涵養入手，才不會讓人誤將人欲視爲天理。畢竟，悟後仍須涵養以保任之，若先行涵養，察識自在其中，工夫較穩當，則不至有狂禪之流弊。因此，馬浮論工夫實較傾向於朱子。

（一）全提與單提

馬浮認爲工夫有單提與全提之別，因此，在孔子《易傳》中，「就其理氣合一則謂之易簡」，〔註49〕是全提；在孟子，「就其理之本然則謂之良」，〔註50〕是單提。然而，「單提直指，不由思學，不善會者便成執性廢修。」〔註51〕因此，易簡之道在全提，方能可大可久。

> 何謂全提？即體用、本末、隱顯、內外，舉一全該，圓滿周遍，更無滲漏是也……全提云者，乃明性修不二，全性起修，全修在性，方是簡易之教。（自注：「性修不二」是佛氏言，以其與「理氣合一」之旨可以相發，故引之。）性以理言，修以氣言，知本乎性，能主乎修。性唯是理，修即行事，故知行合一，即性修不二，亦即理事雙融，亦即「全理是氣，全氣是理」也。〔註52〕

全提即是舉一全該，即是性修不二，即是理氣合一，即是理事雙融，亦即察識與涵養並重；單提，即是重察識。然若只重察識，則易令人忽略了涵養的

〔註47〕《馬一浮集・問學私記》（第三冊），頁1139。
〔註48〕《馬一浮集・問學私記》（第三冊），頁1139。
〔註49〕《馬一浮集・泰和宜山會語・知能》（第一冊），頁41。
〔註50〕《馬一浮集・泰和宜山會語・知能》（第一冊），頁41。
〔註51〕《馬一浮集・泰和宜山會語・知能》（第一冊），頁41。
〔註52〕《馬一浮集・泰和宜山會語・知能》（第一冊），頁41。

必要性！

（二）涵養與察識

何謂察識？何謂涵養？馬浮說：

> 陽明教學者致良知，要於一念發動處用力，是察識；然又常謂必有
> 事焉，正是戒慎恐懼工夫，是涵養。〔註53〕

陽明之「致良知」即是察識，察識乃是於當下初念處分明認持；陽明又常言
「必有事焉」則是涵養，涵養則是於日用間，事物之來，盡吾良知以應之，
念念不放逸，時時提撕，戒慎恐懼之。又，儒家之察識與涵養，和佛氏有何
不同？他說：

> 禪家悟處，即是察識。淨除現業流識，即是涵養。察識是隨緣薦得、
> 忽然瞥地，此有時節，不假用力。學者用力處只在涵養，涵養熟，
> 自能悟，悟後仍要涵養，故徹頭徹尾只是一個涵養，而察識自在其
> 中。工夫間斷，只是未熟，熟則不憂間斷矣。〔註54〕

馬浮認為禪家之悟，忽焉乍現、當下瞥得，即是察識；然而，淨除時下業識，
剷除習氣，則是涵養。然而，悟後仍是要涵養，所以學者用力處，徹頭徹尾
只在涵養，而察識自在其中。工夫若熟，則綿密不斷！換言之，佛之悟與修，
即儒之察識與涵養。察識，更進一步言之，所察者乃此心動念之幾，幾者即
「動之微」〔註55〕：

> 「唯幾也，故能成天下之務」，直是難明，以其不可見，故曰幽……
> 若在眾人分上，一念不覺，即名為惡。然依覺故有不覺……覺與不
> 覺皆就動念上分途，故幾亦通聖凡而言。若念念是覺，安得有凶？
> 《壇經》所謂「真如自性起念」，（自注：「真如即是念之體」，「念即
> 是真如之用」，二語甚精。）乃專指聖人之幾耳。近溪先知覺後知、
> 兩個合成一個之說，亦別無奇特，即謂背塵合覺，前念後念不異而
> 已。來問如何方能使兩個合成一個，答云：若念念之中不思前境，
> 唯此一念炯然現前，自不見有兩個矣。〔註56〕

日用間，於此心之動念上，念念之中不思前境，則前念後念不異，唯見一念

〔註53〕《馬一浮集・問學私記》（第三冊），頁 1166～1167。
〔註54〕《馬一浮集・爾雅臺答問續編卷二》（第一冊），頁 610。
〔註55〕《馬一浮集・爾雅臺答問續編卷一》（第一冊），頁 553。
〔註56〕《馬一浮集・爾雅臺答問續編卷一》（第一冊），頁 553。

炯然現前，此即察識，乃凡人之因位；若聖人之果位，則如《壇經》所言，念念皆爲「眞如自性起念」，念念皆明空不二。或問，學者用工，若專就事上察識如何：

> 先生曰：固好。但恐涵養不足，不但不能明辨是非，反而易被物欲所蔽，難免不以人欲爲天理。人之氣稟不同，利根者不事讀書窮理，專就事上察識，自有悟處。至於根鈍之人，不教他從讀書窮理上用工，將從何處入手？能讀書窮理，而又能返躬體會，兩者兼顧，最爲妥當。如此用力既久，則習氣自然漸漸消除，性體自然漸漸顯露。如此涵養，則察識自在其中，始無流弊。〔註57〕

馬浮認爲根器有利鈍，利根之人自可不讀書窮理，專注於事上察識；但鈍根之人不讀書窮理，非但無入手處，更恐因無法明辨是非，反而誤以人欲爲天理。因此，讀書窮理以涵養，而察識自在其中，則是最穩當的方法，可以涵攝一切根器。待用力日久，習氣漸除，性體自顯，始無流弊。換言之，他說道：

> 讀書到怡然理順、渙然冰釋時，作詩到文章本天成、妙手偶得之時，已非情識境界。此事用力到極處，亦須智訖情枯忽然轉身始得，直與參禪無異。〔註58〕

> 禪宗教人剿絕知見，轉變六識。儒家則教人調節六識，使不爲害而已，其工夫全在涵養。〔註59〕

萬千工夫，讀書也罷，作詩也罷，總在用力至極處，情識刹時落廓，忽得轉身瞥地，又與參禪何別？然，禪宗言剿絕知見，儒家言調節六識，工夫又全在涵養。可見，察識與涵養並非截然二分，然而，馬浮猶如朱子之重於涵養，他說：

> 涵養與致知，朱子雖說要齊頭作，然仔細體會「涵養須用敬，進學則在致知」兩句語氣，似乎又不是平看。蓋朱子之意重在涵養，能涵養則察識自在其中。〔註60〕

因此，他認爲朱子在理論上，認爲涵養與致知應齊頭並作；但在實踐上，正因「能涵養則察識自在其中」，故而重在涵養。

〔註57〕《馬一浮集・問學私記》（第三冊），頁1148。
〔註58〕《馬一浮集・書札》（第二冊），頁420。
〔註59〕《馬一浮集・問學私記》（第三冊），頁1137。
〔註60〕《馬一浮集・問學私記》（第三冊），頁1168。

（三）論朱陸異同

同時，馬浮也論述朱陸異同及其弊病，如下：

> 象山「先立乎其大者」與陽明「致良知」之說，皆是察識邊事。然象山、陽明教人雖重察識，其涵養工夫均甚深。但門人相傳，便不免有偏重察識而遺涵養之病……大抵重察識者，亦未嘗無綽見天理之處，天質高者尤易悟入，但不能持久，或者察識不精，即魯莽承當，必致廢書不觀，狂妄自肆。陸、王末流及禪學均有此病。然朱子亦嘗謂象山門人能立得起，而自己門下則多執言語、泥文字。此亦是朱學末流之病痛，學者當知。〔註61〕

陸王及禪學末流，有易悟入而不能持久，察識不精即魯莽承當，而致廢書不觀，狂妄自肆之弊；朱學末流，則有執言語、泥文字之失。事實上，陸王雖教人重察識，但其自身涵養工夫都極深；朱子雖重涵養，卻非無視於察識。然，門人相傳，則不免於病。所以，「爲學吃緊處在鞭策近裏，切己用功……若專論古人之同異，與自己又有何益？」〔註62〕馬浮認爲，朱陸與禪學在接引眾人之初，立論雖各有所偏重，但在切實踐履的工夫上，於察識與涵養皆無所偏頗。因此，後人專論二者異同，對於體究自性來說，實在毫無助益，不如切中自身要害，努力用功自我鞭策。由此可見，馬浮全著眼於「體究自性」之實踐工夫，實無調停朱、陸二者之意圖。

二、主敬致知與止觀

馬浮指出「敬也者，所以成始而成終也。」〔註63〕因此，朱子晚年每舉伊川「涵養須用敬，進學在致知」教人，他認爲：

> 依川此言略如天台所立止觀法門，主敬是止，致知是觀。彼之止觀雙運，即是定慧兼修，非止不能得定，非觀不能發慧。然觀必先止，慧必由定，亦如此言涵養始能致知，直內乃可方外。言雖先後，道則俱行。雖彼法所明事相與儒者不同，而其功夫塗轍，理無有二。〔註64〕

〔註61〕 《馬一浮集・問學私記》（第三冊），頁1165。
〔註62〕 《馬一浮集・問學私記》（第三冊），頁1155～1156。
〔註63〕 《馬一浮集・泰和宜山會語》（第一冊），頁81。
〔註64〕 《馬一浮集・泰和宜山會語》（第一冊），頁82。此中原作：「切夫塗轍理無有二。」此「切」字應爲「功」之誤。

「敬」是程頤提倡的主要修養方法，在《周易》中曾提出「敬以直內，義以方外」。〔註65〕馬浮則認為主敬致知與止觀雙運之理可以等而齊觀。

（一）敬即定即正念

何謂敬？馬浮說：

> 主一無適之謂敬。心不雜亂，謂之主一，不外馳，謂之無適。孟子所謂求放心，程子所謂心常在腔子裏，即一心收斂向內之意。一心能收斂向內，自然不雜亂、不外馳，即是敬也。心一於敬，然後本具之義理方能顯現，而為一心之主宰，則應事接物自然不致有差忒。若無向內收斂工夫，則中心無主，氣常浮散，發之於外，即不中節。〔註66〕
>
> 敬是徹始徹終的工夫。敬則身心收斂，心收斂則有主宰，有主宰則氣始有統攝而不致散漫，氣不渙散則神志清明，始可以窮理。〔註67〕

「主一無適」是程頤之言。敬即是一心向內收斂，既不雜亂，也不外馳。心若能敬，氣則不浮散，本具之義理才得以自顯，應事接物才不致有差錯。敬更是徹頭徹尾的工夫，能收攝身心，而心氣一如，則神智清明，方可以窮理。馬浮更進一步認為，敬非僅是攝持，實雙該止、觀二法，他說：

> 先儒嘗謂敬是常惺惺法，今謂敬亦是常寂寂法，惟其常寂，所以常惺。寂故不散，惺故不昏，當體清明，義理昭著，然後天下之至賾者始可得而理也，天下之至動者始可得而正也。無無止之觀，無無定之慧，若其有之，必非正觀，必為狂慧。故曰：「未有致知而不在敬者。」敬實雙該止、觀二法，由此可知。蓋心體本寂而常照，以動亂故昧；惟敬則動亂止息，而復其本然之明。敬只是於一切時都攝六根住於正念，絕諸馳求勞慮。唯緣義理，即為正念。〔註68〕

敬是常惺惺法，亦是常寂寂法，乃指敬具體用之義。敬即心緣義理，攝於正念，故止亂與復明同時，因此說敬實該止、觀，這是就即本體即工夫上來說的。其後，他接著說：「念即三摩地，敬也。勝解與慧，知也。」〔註69〕換言之，定即是敬，慧即是知。這是就即工夫即本體上說的。若謂敬即為正念，何謂念？

〔註65〕陳來，《宋明理學》，頁123。
〔註66〕《馬一浮集・問學私記》（第三冊），頁1182。
〔註67〕《馬一浮集・問學私記》（第三冊），頁1157。
〔註68〕《馬一浮集・泰和宜山會語》（第一冊），頁84。
〔註69〕《馬一浮集・泰和宜山會語》（第一冊），頁84。

念者，心猶在境，故以明記不忘爲義。能引定生，向舉心緣義理之
說，正是知止工夫，亦即名爲正念。正念現時，妄念自息，且不必
說無念。若欲明無念，莫如《壇經》所云「般若三昧，即是無念。
何名無念？若見一切法心不染著，是爲無念。」用即遍一切處，亦
不著一切處，即是般若三昧。名無念行，非謂百不思也。（自注：《壇
經》並云：「若百物不思，當令念絕」即是法縛，即名邊見。）今以
起滅不停，自謂微細不自覺，乃是恆審思量之末那識，此乃妄念，
非正念也。若學無念行，須從正念入得般若三昧，即轉識成智矣。（自
注：無念法門，切忌錯會。外道有修無想定者，乃是蒸沙成飯，斷
佛種性。）〔註70〕

念即心緣一境，能引生定。心緣義理，即是知止工夫，即是正念。心若起滅
不已，微細而難以覺察，此乃恆常審視思量之末那識，是妄念。正念現時，
妄念自息。由正念可入無念法門，即轉識成智。若謂無念即無想、百物不思，
則是法縛，即名邊見，斷佛種性。無念即是般若三昧，見一切法隨緣而歷，
心不染著；一旦發用則遍於一切處，亦不著於一切處。馬浮以此來證成心緣
義理，即是正念，即是《大學》的「知止」工夫，即是佛氏之「定」。換言之，
就工夫說，敬即是定。由於心乃「本寂而常照」，而敬與定皆能「動亂止息」，
遂能「復其本然之明」。

（二）定與心氣

馬浮在與弟子問答時，特別提到養氣的工夫，善養氣者，心自寧定。他
說道：

孟子曰：「我善養吾浩然之氣。」又曰：「吾四十不動心。」養氣然
後能不動心，氣不養則易暴，暴則動其心而不能自主。故善養氣者，
其心寧定，不爲外物所撓。靜時定，動時亦定；無事時定，有事時
亦定；閒居時定，應大眾時亦定。至動靜、閒忙、勞逸、大小一如
時，方見工夫。〔註71〕

善養氣則不動心，不動心則心寧定，即不受外物攪擾。無論在動靜、閒忙、
勞逸、大小事之中，皆能心氣寧定，才是工夫。此乃極實際的修持之道，儒、
釋、道並皆有之，但因見地不同，遂有深淺、力用之別。因此，即便方法是

〔註70〕《馬一浮集・爾雅臺答問續編卷二》（第一冊），頁609。
〔註71〕《馬一浮集・問學私記》（第三冊），頁1144。

一，則依見地之異，而有不同之果。然則，如何養氣？馬浮指出：

> 《孟子》「養氣」章「集義所生」一段，學者最宜深切體會，尤當著
> 眼此一「生」字。集義不是在外面集個善言、善行算了事。義者，
> 吾心本具之理。使此理在日用倫常之間常常顯發，便是集。積累既
> 久，則義理便生生不已。〔註72〕

正如孟子所言，養氣乃集義所生。然而，馬浮進一步認爲，集義不只是外在的
善行，而是要向內識理，並令此心中本具之理，於日用倫常間隨時隨處顯發出
來。如此日積月累之下，義理便生生不已，而氣自更益浩然。此乃理氣合一在
工夫論上的應用。事實上，馬浮所言「集義」之深意，乃指識出人人本具之心
性，並於日用間保任之、顯發之。他也批評只知氣而不之理之弊，他說：

> 神仙家本領在能運用氣、駕御氣，故用工深者可以使氣不散，但病
> 在只知氣而不知理。《淮南子》所謂形神，神即氣之精者耳。〔註73〕

> 以風問告子之不動心。先生曰：告子之不動心，只是在氣上強把持，
> 是死的，故不能配道義。學神仙的與參禪之人皆有此本領。禪師家
> 所謂把定封疆，水泄不通，佛來亦斬，魔來亦斬，與告子之不動心
> 雖有精粗之別，但祇知氣而不知理則同。不知這個勉強把持正是病
> 痛。〔註74〕

馬浮認爲神仙家雖可使氣不散失，卻是只知氣而不知理；告子之不動心，只
是強行持住氣，是死的不能活用；禪師家把定封疆，乃勉強把持，正是病痛。
凡此，皆是只知氣而不知理之過。換言之，持氣則能定，但光是定是不夠的，
必須知理，亦即有止觀之觀慧，因此，「主敬涵養，進學致知」缺一不行，必
得止觀雙運方可。

三、去　矜

　　去矜乃貫串於一切實踐工夫之中，馬浮特別揭示出「去矜」的工夫，並
說明「矜」之過患，和去矜之道。他所說之矜，「是專指矜伐之矜，此則純是
惡德，故去之務盡也。」〔註75〕此矜即自誇自傲，亦即我慢，「在根本煩惱中，

〔註72〕《馬一浮集・問學私記》（第三冊），頁1168。
〔註73〕《馬一浮集・問學私記》（第三冊），頁1167。
〔註74〕《馬一浮集・問學私記》（第三冊），頁1168。
〔註75〕《馬一浮集・泰和宜山會語》（第一冊），頁90。

是癡、慢二法所攝。」〔註76〕

　　在《泰和宜山會語》續義理名相六的〈去矜〉條下，馬浮以三段式的論述方式來闡述去矜之道。首先，他引《論語》、《虞書》、《易‧繫辭》、《老子》，來說明「矜」之過失；其次，以佛理顯發人之所以有「矜」，是因為有我相、人相，而為根本煩惱和隨煩惱所覆的緣故。若要遣除此等過患，一定要先遣除我相、人相，次遣功能相。最後，則又回歸儒家為政者以教化為本懷之立場，以《易‧繫辭》、《學記》等，來闡明「振民育德」、「上工治未病」、「君子防未然」之理。

　　在此，我們要問的是，馬浮何以不從第一段論述直接跳到第三段？儒家義理難道沒有去矜的方法，一定要用佛家徹底地遣除掃蕩，至「我實不可得」嗎？還是，在馬浮心底，這正是他一貫的核心思想呢？

（一）遣人我相

　　他說，要先遣除我、人二相：

> 云何先遣我、人相？儒者只言己私，不加分析，不如佛氏加以推勘，易於明瞭。凡計人我者，不出五蘊……《圓覺》所謂「妄認四大為自身相，六塵緣影為自心相」是也。計有我者，不出四見，一即蘊，二離蘊。計即蘊者，為即色是我邪？為即受、想、行、識是我邪？若俱是者，我應有五。計離蘊者，若離於蘊，我不可得。又計色大我小，我在色中；我大色小，色在我中。受、想、行、識，亦復如是。此二見者，輾轉虛妄，反覆推勘，我實不可得。我相如是，人相亦然。因我故有我所，我既不可得，云何立我所？如是我、人二相俱遣，則矜無所施矣。〔註77〕

馬浮所提出的理由是，儒家只說矜是來自個己的私心，太簡易了，反而不容易明瞭。透過佛家的義理，更能清楚了知。但「我、人二相俱遣」和去「己私」並不等同，這裡有義理層次上的跳躍，顯然前者比後者更徹底、更究竟。畢竟，去「己私」只是去己我之「私」，還有一個「我」在；「我、人二相俱遣」，則是在五蘊之中，遍尋不得「我」，「我」了不可得，連「我」都遣除了，更無我之對境，自然連「人」相亦遣。可見，兩者確乎不相等。

〔註76〕《馬一浮集‧泰和宜山會語》（第一冊），頁90。
〔註77〕《馬一浮集‧泰和宜山會語》（第一冊），頁91～92。

（二）遣功能相

再則，遣功能相。爲了對治世人以功德自居自讚之病，他先以儒家之義說明「天地雖並育不害，不居生物之功；聖人雖保民無疆，不矜畜眾之德。」〔註78〕再以佛說推勘，以明功能之相實不可得。「故略明緣起性空，使知非己所得而有，亦是一期藥病之言耳。」〔註79〕換言之，「緣起性空」雖只是一期藥病，然其破相遣執，卻功不可沒。

> 學者當知所言功能者，亦是因緣所生法。云何得成？若謂能是能成之緣，功是所成之法，而此能者即眾緣也。是則功無自性，緣所成故；能亦無自性，體即緣故。此緣不從自生，爲不孤起故，亦不從他生，緣不定二故，亦非自他共生，諸緣各住自位故。輾轉推勘，皆不可得。能成既無，所成何有？是故功能及我皆空……是故功能雖似幻有，當體本空也。〔註80〕

這是就龍樹中觀之邏輯推理方式，來說明一切現象皆是因緣和合所成，既非自生、他生，也非自他共生、無因生，是故功能亦是因緣和合而成，當體本空。然而，儒家義理是不講性空的，一切皆爲實有，但馬浮言去矜，何以一定要推到這一層呢？雖然他繼續引老子之言來說明，但他還是以「緣起性空」之義來闡釋。他認爲：

> 蓋老子所謂「有」者，即指緣生；所謂「無」者，即謂性空也。
> 〔註81〕

這分明是以緣起性空來論老子之有無，並得出一結論如下：

> 以緣生故有，有即幻有，非是定常；以無性故空，空乃本無，非是減取也。〔註82〕

此說明眾緣所生起之萬法，並非獨立永存的，雖可見卻如幻顯現。正因無自性之故，所以是空，然此空並不是原來有而後來消失的空，此空是本來就是空的。由此觀察馬浮所言之空，就佛家義理而言，並無偏頗，實乃諦當。

〔註78〕《馬一浮集・泰和宜山會語》（第一冊），頁92～93。
〔註79〕《馬一浮集・泰和宜山會語》（第一冊），頁94。
〔註80〕《馬一浮集・泰和宜山會語》（第一冊），頁95。
〔註81〕《馬一浮集・泰和宜山會語》（第一冊），頁95。
〔註82〕《馬一浮集・泰和宜山會語》（第一冊），頁96。

（三）徹證二空

再則，他為了進一步遣人我、功能之相，更言需證得人空、法空：

> 又《莊子‧知北游篇》：「舜問乎丞曰：『道可得而有乎？』曰：『汝身非汝有也，汝何得有夫道？』舜曰：『吾身非吾有也，孰有之哉？』曰：『是天地之委形也。生非汝有，是天地之委和也。性命非汝有，是天地之委順也。孫子非汝有，是天地之委蛻也。故行不知所往，處不知所持，食不知所味，天地之強陽氣也，又胡可得而有邪？』」（自注：郭注：「強陽，猶運動耳。」按，《列子‧天端篇》亦有此文，疑其襲取《莊子》。）莊子謂強陽氣即氣之動，氣動即緣生也。自道家、儒家言之，皆謂氣聚則生，氣散則死。自佛氏言之，則曰緣會則生，緣離即滅。會得此語，則證二空：身非汝有是人空，不得有夫道是法空。在儒家謂之盡己。〔註83〕

於此，說道之不可得，是因為此身非己所有之故，身只是天地之強陽氣。馬浮認為強陽氣就是指氣的運行。儒道兩家都以為，人是由氣聚而生，氣散則死。若依佛家的觀點，生滅則來自因緣的合會與離散。所以，身非汝有，就是指人空；不得有夫道，就是指法空。但若單就氣之運行推演，是得不出人、我二空之結論，因為氣是實體的物質（或指能量），人我二空並不是指物質聚合之後消散的空無所有。如果馬浮以為此二者並無二致，那就是理解上的錯謬。但就馬浮以緣起性空註解莊子之論述看來，他不至於混淆此二者。然而，他究竟是站在傳統儒道二家氣之聚散觀，還是佛家之緣生觀呢？很顯然地，應是後者。此外，他亦言「在儒家謂之盡己」，直把盡己和人我二空等同視之。又，他一再地提到「徹證二空」，如在答趙蕃叔的信中說道：

> 儒佛俱是閒名，自性本來具足。誠是本體，敬是工夫，「修證則不無，汙染即不得」。眾生迷倒，虛受一切身心大苦，良可哀愍。從上聖賢，曲垂方便，只是奪彼粗識，教人淨除習氣，別無他道。習氣若盡，真心自顯，脫體現成，更無欠闕。孔門「克己復禮」即釋氏「轉識成智」也。非徹證二空，不名克己。不論凡情聖見，總需剗除；纔有纖毫，無自由分。世間種種辯智，總屬情塵意計，增長人我，輾轉繫縛，無有了期。譬如掘坑自埋，乃言求活，安有是理？賢能於「敬」字下工夫，此便是入三摩地第一妙門。但得本，莫愁末……

〔註83〕《馬一浮集‧泰和宜山會語》（第一冊），頁96～97。

書院乃是不得以而後應……所望戰禍早平，得還鄉里，閉門杜口，
以畢餘年……《講錄》亦是門庭施設邊事，老拙用心，殊不敢辜負
人，但求契理，不必契機。〔註84〕

對馬浮而言，所有的工夫都只爲淨除習氣，習氣一除，則眞心自然顯露。然
而習氣如何淨除？他說：「非徹證二空，不名克己」。正因世間種種知見，都
出自情識臆度，只會增長人我二執，永無了期，是故無論是創辦書院或是當
眾開講，都不過是「門庭施設邊事」，皆爲隨緣而應，其眞正用心處，乃在於
求契理，此理即由「轉識成智」、「克己復禮」而來，然此需「徹證二空」始
得。可見，馬浮心中之克己，業已推向人我二空之意涵。〔註85〕他緊接著提
到法身、般若、解脫三德：

私人我，諸法不成；安立，然後法身眞我始顯，自性功德始彰。故
曰：「至人無己，神人無功，聖人無名。」無己之己無所不己，是爲
法身，即性也；無功之功任運繁興，是爲般若，即道也；無名之名
應物而形，是爲解脫，即教也。是故「與天地合其德，與日月合其
明，與四時合其序」，而後知暖暖姝姝自以爲足者，未始有物也。一
蚊一蝱之勞，其於天地亦細矣，塵垢秕穅，未足爲喻，奚足以自多
乎？如是則人我功能之相遣盡無餘，何處更著一「矜」字。〔註86〕
性分上原無欠無餘，在聖不增，在凡不減，大行不加，窮居不損。
本來亦無聖凡，一切平等，故人皆可以爲堯舜。即做到堯舜事業，
亦不過一點浮雲過太虛。眞見到此處，自然矜心不起。忘我然後能
去矜，故學者功夫，第一在去我見，即先聖所謂克己工夫。〔註87〕
故學者用力，要在克己。克己便是去蔽工夫，蔽去自能復其初矣。
須知情、識、知、見俱屬私蔽。情識屬先天，是思惑；知解則由習

〔註84〕《馬一浮集・爾雅臺答問卷一》（第一冊），頁530～531。
〔註85〕見許寧，《六藝圓融──馬一浮文化哲學研究》，頁141：「馬一浮以儒佛互證
　　　的方式在與弟子的書信中作了進一步闡發：『孔門「克己復禮」即釋氏「轉識
　　　成智」也。非徹證二空，不名克己。……賢能於「敬」字下功夫，此便是入
　　　三摩地第一妙門。但得本，莫愁末。』……但任何修證都非一蹴而就，需要
　　　忘我的精神和持久的努力，沒有堅定的信念和恆心是不可能的。」許寧在此
　　　把徹證二空視爲忘我精神，恐爲錯解。
〔註86〕《馬一浮集・泰和宜山會語》（第一冊），頁97。
〔註87〕《馬一浮集・問學私記》（第三冊），頁1182。

> 染而來，是見惑。有人能忘情而不能去知，亦有人能去知而不能忘
> 情，二者相參，如膠入漆，若不痛下一番工夫，難得剗絕……必情、
> 知雙泯，私蔽淨盡，性體方能顯露。〔註88〕

所以，去人我即是克己，即是去見、思二惑，其目的，就是為了彰顯「法身
真我」和「自性功德」。馬浮在其《法數鈎玄‧釋三德三身》中說：

> 法身，即真如自性，平等本際，妙覺極圓，亦名法性身，亦名自性
> 身。（自注：法身如虛空遍，謂無有障礙。）〔註89〕

法身即真如、自性，平等本際，圓滿十方──這是華嚴、天台等一乘家立說
之根柢。馬浮以佛家法身、般若、解脫三德，來解說「至人無己，神人無功，
聖人無名。」且以儒家的性、道、教來並列之。然，此乃由人我二空後，所
自顯之果德，換言之，仍是以佛家義理為立論之根本。

因此可以說，此三段式之論述方式，若缺乏第二階段之闡述，則失之簡
略；但，若加上第二階段之佛理提撥，又會令人不免覺得這分明就是在闡揚
佛法！這是因為儒、佛在義理上，確實大不相同，而佛家在描述現象界及修
證歷程之階次體系，又比儒家來得精深廣博。馬浮援佛說儒的目的，若為了
讓儒家本義更為人所了知，那會不會剛好適得其反？或是歷來的研究者都錯
將馬浮視為儒者？難道連馬浮自己都沒有意識到此問題？果真如此，那麼馬
浮又何以未能自覺呢？

第三節　本章小結

馬浮每論及體究自性時，皆無不以儒佛相提並論，他說：

> 乾元用九，是大機大用，是孔子、如來行履處。禪家所謂「向上一
> 路，千聖不傳」，非不傳也，不可得而傳也，直需自證自悟，始得到
> 此。凡教家極則語，如聖諦第一義，皆用不著，故謂「唯廓然無聖」
> 一語差相似耳。〔註90〕

工夫至證悟處，即使是聖者也無法相傳，因為只能自證自悟。一切言說、指
稱，皆是戲論。

〔註88〕《馬一浮集‧問學私記》（第三冊），頁1136～1137。
〔註89〕《馬一浮集‧法數鈎玄卷一》（第一冊），頁881。
〔註90〕《馬一浮集‧書札》（第二冊），頁840。

　　然在論及工夫之下手處，馬浮多依宋明儒之工夫論爲主，再以佛門止觀並論，諸如他在復性書院所訂立的學規：「主敬爲涵養之要，窮理爲致知之要，博文爲立事之要，篤行爲進德之要」〔註91〕可知，他認爲主敬涵養、讀書致知、博文立事、篤行進德，可避免重察識而流於狂禪之弊，而察識自在其中，方爲穩當。

　　但何以他不直就佛門止觀來論工夫，卻又每每說到「必徹證二空，不爲克己」？且在《大方廣佛華嚴經普賢行願品》寫本自跋中云：

> 儒者無終食之間違仁，造次必於是，顚沛必於是，言行動天地，孝弟通神明。自佛氏言之，皆普賢行也。躬行君子，則吾未之有得。三災彌綸，而行業湛然，人能志普賢之所志，行普賢之所行，庶可以踐形盡性矣。〔註92〕

換言之，佛氏之普賢行，亦可踐形盡性。此又與儒者何別？馬浮顯然認爲二者並無不同，但儒家言語簡要，容易有個入處，並可廣被衆根，避免諸多流弊；佛氏說理精嚴透徹，足以資發，更能深入窮究。正如他所說的：

> 《中庸》曰：「聰明睿智，足以有臨也。」蓋聰明是耳目之大用，睿智是心之大用，此猶佛氏之言四智矣。（自注：轉八識成大圓鏡智，轉七識成平等性智，轉六識成妙觀察智，轉五識成成所作智。其言智者，即性也。其言識者，即情也。故謂「轉識成智」即是「性其情」，亦是「克己復禮」也。聰明屬成所作智，睿智可攝餘三。）〔註93〕

因此，智與識的關係猶如性與情，故而轉識成智，即是性其情，亦是克己復禮。馬浮如此精微闡釋，確實是以佛理更加深化了克己復禮的意涵，使之邁向徹證二空之道塗。

　　然而，馬浮所論及之儒家工夫，眞得以徹證二空，轉識成智？並足以去見思二惑，彰顯「法身眞我」和「自性功德」嗎？若以傳統儒家之見地與工夫相合，顯然是不行的；倘以馬浮所認定之儒家圓教見地，配此等同佛家止觀之儒家工夫，則何嘗不可？因爲後者與佛家，乃名異而實同耳！是故，馬浮乃有意以佛入儒而徹底改造儒家嗎？若此，那他又何必提出「六藝論」呢？

〔註91〕《馬一浮集・復性書院講錄第一卷》（第一冊），頁107。
〔註92〕《馬一浮集・序跋書啓》（第二冊），頁109。
〔註93〕《馬一浮集・泰和宜山會語》（第一冊），頁74。

第五章　六藝論
——踐形盡性在此而不在彼

　　對儒家「六藝之學」的重新闡釋和評價，是馬浮學術思想的核心內容之一。早在寄居杭州廣化寺期間，馬浮已有撰寫《六藝論》的打算，後來不幸遭逢日寇侵華，「所綴輯先儒舊說，群經大義，俱已散失無存」，因而始終沒有寫成。〔註1〕然而，該書要旨見於《泰和會語》中的「六藝大旨」五講，而全部內容與眞正範圍已不可得知。不過現在由「六藝大旨」五講，加上從《宜山會語》、《復性書院講錄》、《爾雅臺答問》諸書中歸納所得，我們也可以整理出馬浮對六藝的系統性看法，而仍舊稱爲「六藝論」，成爲馬浮學術思想中，本體論、工夫論以外另一個基本的課題。〔註2〕「六藝論」是馬浮獨特的判教論，他主張「六藝該攝一切學術」〔註3〕、「六藝實統攝於一心，即是一心之全體大用」。〔註4〕

　　馬浮何以要提出「六藝論」？鄧新文認爲：

　　　　「六藝一心論」的全部努力，可以用馬一浮的兩句話概括，那就是

　　　　「接續聖賢血脈」，「對治時人病痛」。〔註5〕

聖賢血脈何在呢？馬浮說：「無論儒佛，凡有言教，皆以明性道爲歸……若其

〔註1〕　高迎剛，《馬一浮詩學思想研究》，濟南：齊魯書社，2006，頁221。

〔註2〕　劉又銘，《馬浮研究》，政治大學中文所碩士論文，1984，頁103。

〔註3〕　《馬一浮集・泰和宜山會語》（第一冊），頁20。

〔註4〕　《馬一浮集・泰和宜山會語》（第一冊），頁12。

〔註5〕　鄧新文，〈馬一浮「六藝一心論」對經學的整合〉，吳光主編，《馬一浮思想新探——紀念馬一浮先生誕辰125週年暨國際學術研討會論文集》，頁257。

門庭施設，方便應機，大都曲爲今時，亦不可爲典要。唯有指歸自己一路是眞血脈。」〔註6〕聖賢血脈即指爲學乃爲「明性道」，乃爲「指歸自己」。那麼，時人病痛又何在？

> 概括起來主要有以下兩個方面：一是在治學上，以多聞爲學，以知解爲足，馳騁言說，執滯名相，知行脫節，理事兩橛，徇物忘己，向外馳求；二是在心術上，流於散亂心、勝心、矜心、驕吝心、功名利祿心、自私心而不自知自制。百病纏身，而以「不明心性爲根本病」。〔註7〕

何以時人在治學上知行脫節、向外馳求，在心術上散亂自私、百病纏身？乃因馬浮生存之年代，舉國上下「目中土聖賢經籍爲傳統思想，斥之無餘；而於異國殊俗影響之談，則奉爲寶訓，信之唯恐不及」。〔註8〕馬浮亦慨然說道：

> 王船山有言：「病莫大於俗，俗莫甚於偷。」三十年前出一梁啓超，驅人於俗，十餘年來繼出一胡適之，驅人於偷，國以是爲政，學校以是爲教，拾人之土苴以爲寶，靡然成風，不待今日之被侵略，吾聖智之法已蕩然無存矣！〔註9〕

馬浮講論六藝大義，主持復性書院，莫不本其深造自得之智，隨緣指點迷津、救失治病。從中我們不難看出馬浮力挽狂瀾、扭轉學問方向之意圖：他想扭轉「荒經蔑古」的現代學術方向，歸於尊經好古的傳統方向；扭轉局而不通的分科之學，歸於統類明晰的通識通學；扭轉崇洋媚外的民族自卑，歸於自尊自強的民族自信；扭轉徇物忘己的外騖之學，歸於切己體察的心性之學。一句話，就是扭轉安其所習、順流而下之俗學，歸於祛習復性、逆流而上之聖學。〔註10〕那是因爲聞見之知猶如戲論，與己身心性命之安頓毫不相干。

然而，馬浮也曾於《爾雅臺答問》中，答張君說：

> 觀足下所好樂似在佛法，須知教相多門，各有分齊，語其宗極，唯是一心。從上聖賢，唯有指歸自己一路是眞血脈。足下既好佛法，

〔註6〕 《馬一浮集·爾雅臺答問續編卷五》（第一冊），頁682。

〔註7〕 鄧新文，〈馬一浮「六藝一心論」對經學的整合〉，收入吳光主編，《馬一浮思想新探——紀念馬一浮先生誕辰125週年暨國際學術研討會論文集》，頁257。

〔註8〕 《馬一浮集·復性書院講錄第三卷》（第一冊），頁210。

〔註9〕 《馬一浮集·書札》（第二冊），頁878。

〔註10〕 鄧新文，〈馬一浮「六藝一心論」對經學的整合〉，吳光主編，《馬一浮思想新探》，頁257。

即從佛法入亦無有二，但須先明教相、趣歸、宗乘，方爲究竟，切
勿得少爲足，輕言利人。〔註11〕

既然儒佛皆指歸自己，皆是眞血脈，且「從佛法入亦無有二」，而「教相多門……
唯是一心」之「一心」，亦無異於「六藝實統攝於一心」之「一心」，那麼，
我們要問的是：馬浮何不自佛家的立場，提出佛家的判教論，卻要以六藝判
教呢？馬浮曾說：

中土固有學術，將來難免如印度大乘教之落沒。然印度經典之亡，
中土能傳譯之，中國學術一旦淪亡，西人無譯本，中國人又不能自
爲之，是誠可憂者也。〔註12〕

由此可見，一方面，在板蕩的時代背景之下，馬浮對於保存中國固有之學術，
有極強烈之使命感；另一方面，他也說過「義學至賢首而極，後來更不能增
損。」〔註13〕換言之，佛家判教至華嚴宗已臻至境。然而，他以六藝統攝《華
嚴》圓頓教也是不爭的事實。

第一節　六藝與判教

一、何謂六藝

「六藝者，即是《詩》、《書》、《禮》、《樂》、《易》、《春秋》也。」〔註14〕
馬浮認爲，「六藝之學」不僅可以該攝中國固有之學術，亦可統攝一切西來學
術。其所以能如此，乃在於「全部人類之心靈，其所表現者不能離乎六藝也；
全部人類之生活，其所演變者不能外乎六藝也。」〔註15〕馬浮指出，「六藝之
教」固然是中國至高特殊之文化，然而「唯其可以推行於全人類，放之四海
而皆準，所以至高；唯其爲現在人類中尚有多數未能瞭解，『百姓日用而不
知』，所以特殊。」〔註16〕；而「六藝之道」不惟是中土聖人的主張，「若使
西方有聖人出，行出來的也是這個六藝之道，但是名言不同而已。」〔註17〕

〔註11〕《馬一浮集・爾雅臺答問卷一》（第一冊），頁 526～527。
〔註12〕《馬一浮集・語錄類編・四學篇》（第三冊），頁 956。
〔註13〕《馬一浮集・爾雅臺答問續編卷二》（第一冊），頁 608。
〔註14〕《馬一浮集・泰和宜山會語》（第一冊），頁 10。
〔註15〕《馬一浮集・泰和宜山會語》（第一冊），頁 22。
〔註16〕《馬一浮集・泰和宜山會語》（第一冊），頁 23。
〔註17〕《馬一浮集・泰和宜山會語》（第一冊），頁 23。

我們可以看見，馬浮所指稱之「六藝」，並非指狹義的《六經》，而是指遍及人類心靈與生活的普遍眞理。楊儒賓說：「在馬浮看來，六藝是聖言量，是道的具體化。因此，它具有某種神聖的意義。不是時間（歷史）、空間（人文世界）所能腐蝕得了。」〔註18〕

（一）楷定國學即是六藝之學

馬浮因日寇侵華，避難於江西泰和，爲「使諸生於吾國固有之學術得一明瞭之認識」〔註19〕，遂講學於浙大之「國學講座」時，首先楷定國學名義，他說：

> 今先楷定國學名義，舉此一名，該攝諸學，唯六藝足以當之。六藝者，即是詩、書、禮、樂、易、春秋也。此是孔子之教，吾國兩千餘年來普遍承認一切學術之原皆出於此，其餘都是六藝之支流。故六藝可以該攝諸學，諸學不能該攝六藝。今楷定國學者，即是六藝之學，用此代表一切固有學術，廣大精微，無所不備。〔註20〕

馬浮何以要楷定國學名義？馬浮認爲國學的意涵分歧，舊說乃指國立大學，後爲有別於外國學術，故「依他起」而稱固有學術爲國學，然固有學術又太廣泛，渾然不知其所指，因此，爲了訂出一個範圍，故以義學家釋經所用之「楷定」來自立範圍。他認爲用「確定」過於自專，「假定」則疑而未定，正因「實見得如此，在自己所立範疇內更無疑義也」〔註21〕，則不如用「楷定」，因爲此即表見仁見智。他說：「如吾今言國學是六藝之學，可以該攝其餘諸學，他人認爲未當，不妨各自爲說，與吾所楷定者無礙也。」〔註22〕這何等的胸襟與自信！同時，他是以「國學」爲範疇，自是以中土六藝爲原而涵攝一切中外學術，明矣！因爲，他所要揭示的，是一種普世的眞理，以何種名相言之，實非重點，然而「六藝」於人文的涵蓋性較周延且更加親切，卻也是事實！正如楊儒賓所認爲的，馬浮之所以要將六藝之學做爲國學的根本，其最

〔註18〕 畢養賽、馬鏡泉編，《馬一浮學術研究》，杭州：杭州師範學院馬一浮研究所，1995，頁43。

〔註19〕 《馬一浮集·泰和宜山會語》（第一冊），頁3。

〔註20〕 《馬一浮集·泰和宜山會語》（第一冊），頁10。此中標點，原作：「六藝者，即是《詩》、《書》、《禮》、《樂》、《易》、《春秋》也。」然細究馬浮所指稱之六藝，應非僅限於六部經書，而是涵攝於六經之六藝之教，故去其書名號，易之如上。

〔註21〕 《馬一浮集·泰和宜山會語》（第一冊），頁10。

〔註22〕 《馬一浮集·泰和宜山會語》（第一冊），頁10。

大的原因，可能是在相較之下，六藝的「文化樣式更爲豐富，生活形式更爲
突顯，就『理事無礙』的要求來講，這樣的經典恰好是『尊德性而道問學，
極高明而道中庸』的具體展現，也是圓教才能體現出的風格。」〔註23〕

　　再則，馬浮舉《禮記・經解》及《莊子・天下》說六藝大旨，以明其統
類如下：

　　　　《經解》引孔子曰：「入其國，其教可知也。其爲人也，溫柔敦厚，
　　　　《詩》教也；疏通知遠，《書》教也；廣博易良，《樂》教也；絜靜
　　　　精微，《易》教也；恭儉莊敬，《禮》教也；屬辭比事，《春秋》教也。」
　　　　〔註24〕

　　　　《莊子・天下篇》曰：「《詩》以道志，《書》以道事，《禮》以道行，
　　　　《樂》以道和，《易》以道陰陽，《春秋》以道名分。」〔註25〕

　　　　自來說六藝，大旨莫簡於此。有六藝之教，斯有六藝之人。故孔子
　　　　之言是以人說，莊子之言是以道說。《論語》曰：「人能弘道，非道
　　　　弘人。」道即六藝之道，人即六藝之人。有得六藝之全者，有得其
　　　　一二者，所謂「學焉而得其性之所近」。〔註26〕

他進一步說明了何謂六藝之教和六藝之道。在《復性書院講錄》中，對此他
又加以深化，更引《荀子・勸學篇》和《儒效篇》等加以論證，認爲他們所
說與《莊子・天下篇》等相同，他說：

　　　　《荀子・勸學篇》曰：「《書》者，政事之紀也；《詩》者，中聲之所
　　　　止也；《禮》者，法之大分、類之綱紀也……《儒效篇》曰：「聖人
　　　　者，道之管也。（自注：楊倞注：『管，樞要也。』）天下之道管是，
　　　　百王之道一是。」……《莊子・天下篇》曰：「《詩》以道志，《書》
　　　　以道事，《禮》以道行，《樂》以道和，《易》以道陰陽，《春秋》以
　　　　道名分。其數散於天下而設於中國者，百家之學，時或稱而道之。」
　　　　莊生之言與荀卿相同，言百家道之，則知治六藝者，不獨儒家爲然。
　　　　〔註27〕

〔註23〕楊儒賓，〈馬浮「六藝統於一心」思想析論〉，畢賽養、馬鏡泉編，《馬一浮學
　　　術研究》，頁56。
〔註24〕《馬一浮集・泰和宜山會語》（第一冊），頁11。
〔註25〕《馬一浮集・泰和宜山會語》（第一冊），頁11。
〔註26〕《馬一浮集・泰和宜山會語》（第一冊），頁11。
〔註27〕《馬一浮集・復性書院講錄第二卷・群經大義總說》（第一冊），頁152。

就馬浮所言，可知「六藝在先秦是爲各家修習的六種知識和課程，即使到了漢代也同樣不是爲儒家所專有。」〔註 28〕針對時人對馬浮缺乏歷史發展和文獻考證的批評，陳銳則多方論證馬浮用六藝來做爲中國傳統學術之原的合理處，並指出「它反應了秦漢的學者從文獻學的角度對古代學術的歸納和總結。」〔註 29〕且認爲「六藝表現了秦漢大一統國家出現以前的學術分類以及對世界的認識，其中包含了對客觀世界的理性的思考，成爲後來的『四部』分類與傳統學術的源泉。」〔註 30〕由此可見，馬浮以六藝做爲中土一切學術之原，就歷史的變遷來看，亦是合情合理的。

（二）六藝為人類文化最後歸宿

馬浮指出六藝乃世界一切文化之最後歸宿，他對浙大師生說道：

> 諸生若於六藝之道深造有得，眞是左右逢源，萬物皆備。所謂盡虛空，遍法界，盡未來際，更無有一事一理能出於六藝之外者也。吾敢斷言，天地一日不毀，人心一日不滅，則六藝之道炳然常存。世界人類一切文化最後之歸宿，必歸於六藝，而有資格爲此文化之領導者，則中國也。〔註31〕

> 世人侈言保存中國固有文化，不知中國文化是建樹在心性上，心性不會亡，中國文化自然也不會亡。即使現代的文化全被毀壞，心性卻不能毀壞，則中國文化終有復興之日也。〔註32〕

這顯然是把一切文化匯歸至「六藝」，最後凝之於「心性」，並對文化復興充滿熱情與希望。唐君毅於此，則提出了「文化哲學」之說，他認爲：

> 清人章學誠著《文史通義》，更以《詩》、《書》、《禮》、《樂》、《易》、《春秋》之教，爲中國學術之大原。近人馬一浮先生，則有《六藝論》之著，其意在以六藝之文化與其精神，通天人之故。此亦中國文化哲學之流。〔註33〕

在他看來，馬浮的「六藝論」乃屬文化哲學。許寧亦認爲「六藝論」是「馬一

〔註 28〕陳銳，《馬一浮儒學思想研究》，頁 85。
〔註 29〕陳銳，《馬一浮儒學思想研究》，頁 85。
〔註 30〕陳銳，《馬一浮儒學思想研究》，頁 91。
〔註 31〕《馬一浮集‧泰和宜山會語》（第一冊），頁 24。
〔註 32〕《馬一浮集‧問學私記》（第三冊），頁 1159。
〔註 33〕唐君毅，《哲學概論》，《唐君毅全集》卷二十一，臺北：學生書局，頁 175。

浮文化哲學的邏輯展開，表明了馬一浮對文化本質及其現象的總的看法，主要解決文化價值及其實現的問題，體現了文化價值的時代重構。」〔註34〕然而，以文化哲學的立場來討論馬浮，是對馬浮思想的延伸性的探索，也就是以現代西方哲學的架構來鋪陳。追本溯源地看，馬浮一向不喜歡以西方科學哲學的方法來研究傳統學術，因此，將「六藝論」類歸於文化哲學雖無可厚非，若以為馬浮有意以「文化哲學」來展開「六藝論」則非是。畢竟，馬浮認為六藝為世界一切文化之最後歸宿，最終只為揭示出一人人皆具的普世真理而已。

二、六藝判教

馬浮自言：「吾說六藝，頗采義學家方法。」〔註35〕其中，他引入了佛家的判教說，他說：

> 今欲判教，必當有據。或曰：天台據《法華》判四教，慈恩依《深密》、《楞伽》判三時教，賢首本《華嚴》判五教，然則判教之名，實始於佛氏之義學，儒家亦有之乎？答曰：實有之，且先於義學矣，後儒習而不察耳。〔註36〕

他認為判教之名，雖始於佛氏，判教之實，則儒家猶更早之，只是眾人習於義學之判教，對儒學之判教則未曾明察。他引用《禮記‧經解》來說明：

> 《禮記‧經解》引孔子曰：「入其國，其教可知也。其為人也，溫柔敦厚，《詩》教也；疏通知遠，《書》教也；廣博易良，《樂》教也；絜靜精微，《易》教也；恭儉莊敬，《禮》教也；屬辭比事，《春秋》教也。故《詩》之失，愚；《書》之失，誣；《樂》之失，奢；《易》之失，賊；《禮》之失，煩；《春秋》之失，亂。其為人也，溫柔敦厚而不愚，則深於《詩》者也；疏通知遠而不誣，則深於《書》者也；廣博易良而不奢，則深於《樂》者也；絜靜精微而不賊，則深於《易》者也；恭儉莊敬而不煩，則深於《禮》者也；屬辭比事而不亂，則深於《春秋》者也。」此段文人法雙彰，得失並舉，顯然是判教的實證據。〔註37〕

〔註34〕許寧，《六藝圓融——馬一浮文化哲學研究》，頁3。
〔註35〕《馬一浮集‧詩輯佚》（第三冊），頁939。
〔註36〕《馬一浮集‧復性書院講錄第二卷‧群經大義總說》（第一冊），頁151。
〔註37〕《馬一浮集‧復性書院講錄第二卷‧群經大義總說》（第一冊），頁153。

判教，原是在佛教傳入中國之後，在保證教法統一性的前提下，判別教內各類經典及各宗派學說，使教法不矛盾的一種深淺、高低，了義、不了義的秩序安排的詮釋系統或詮釋策略。因此，這是一個縱向、垂直的判釋方式。並且，一開始就是站在圓融的立場來判釋的，舉其要者，天台智顗有藏、通、別、圓之說，華嚴法藏則言小、始、終、頓、圓五教，皆以圓教爲最圓滿之極致，直至圭峰宗密而攀頂峰。然而，馬浮何以要判教？他的判釋方式爲何？他說：

> 是皆據六藝以判教，其餘不可殫舉。要以《經解》爲最精，莊、荀爲最約。《漢志》敘九家，以爲皆六藝之支與流裔，故推之一切學術，塗慮雖有萬殊，歸致原無二理。舉一全該，萬物悉備，得者得此，失者失此。得之則智、仁、聖、義、中、和，失之則愚、誣、奢、煩、賊、亂。六藝之教，通天地、亙古今而莫能外也；六藝之人，無聖凡、無賢否而莫能出也。散爲萬事，合爲一理，此判教之大略也。彼爲義學者之判教，有小有大，有偏有圓，有權有實；六藝之教則絕於偏小，唯是圓大，無假權乘，唯一實理，通別始終，等無有二，但有得失而無差分。此又儒者教相之殊勝，非義學所能及者矣。〔註38〕

可見，馬浮是爲了標示「六藝」爲圓教而判教，他認爲六藝之教「絕於偏小，唯是圓大……但有得失而無差分。」很顯然地，這是一種橫向的、水平的判釋方式，是只站在圓教的立場而論，因此「唯是圓大」、「唯一實理」、「等無有二」，正是其教相之所以殊勝之處。

（一）明統類

馬浮在講述「六藝可以該攝一切學術」時，即「頗有朋友來相規誡，謂先儒不曾如此，今若依此說法，殊欠謹嚴，將有流失，亟須自己檢點。」〔註39〕可是馬浮不安於「只據先儒舊說搬出來詮釋一回……難得有個入處。」〔註40〕他認爲「舉六藝」旨在「明統類」，他引《易傳》佚文說道：「『得其一，萬事畢。』

〔註38〕 《馬一浮集・復性書院講錄第二卷・群經大義總說》（第一冊），頁154。此中文字原作：「彼爲義學者之，有小有大，有偏有圓教判，有權有實……」應爲錯簡，今易之如上。

〔註39〕 《馬一浮集・泰和宜山會語》（第一冊），頁24～25。

〔註40〕 《馬一浮集・泰和宜山會語》（第一冊），頁25。

一者何？即是理也。」〔註41〕並說「於事中見理，即是於變易中見不易……須知一理該貫萬事，變易元是不易，始是聖人一貫之學」。〔註42〕其後，則自注云：「佛氏華嚴宗有四法界之說：一事法界，二理法界，三理事無礙法界，四事事無礙法界。孔門六藝之學實具此四法界，雖欲異之而不可得，先儒只是不說耳。」〔註43〕他把先儒不說的給說破了，他認爲「六藝之學實具此四法界」，言下之意，無論是六藝具有此（四法界），或是六藝統攝此（四法界），必有一「等同」涵攝於內之架構，而華嚴四法界又統稱爲一眞法界，可見此理一，即指一眞法界。

　　戴璉璋認爲馬浮六藝論中的「該攝」思維，是取自佛家華嚴宗的「四法界」，他說：

> 依華嚴「心融萬有便成四種法界」，如前文所說，一浮先生也倡言「六藝統攝於一心」。可是華嚴所謂的「心」，是佛家的「眞心」、「如來藏自性清淨心」，這心所觀照的理則是「性空之理」；孔門六藝所歸本的心顯然不同於此，理也非「空理」。以馬先生在儒、佛兩家的精湛學養，他當然明白這中間的差異。〔註44〕

「心融萬有，便成四種法界」見於宗密《註華嚴法界觀門》：「統唯一眞法界，謂總該萬有，即是一心。然心融萬有，便成四種法界」〔註45〕可見，馬浮將一切學術歸之於六藝，又將六藝統於一心，實與宗密將四法界統於一眞法界，一眞法界即爲一心，同出一轍。然而，「孔門六藝所歸本的心顯然不同於此，理也非『空理』」這也是眾所皆知的事實，但是，馬浮所見之六藝乃「直顯眞源」之圓教「了義」之六藝，而不是傳統孔門之六藝，故其「一心」自是佛家的「眞心」、「如來藏自性清淨心」〔註46〕；此心所觀照之理，當然非只是「破相顯性」之破相教「不了義」空理，而是圓教「性海圓明，具足眾德，一多相容，主伴無盡」〔註47〕之理，因此「性德」一詞，於此簡直是呼之欲出。

　　馬浮認爲除了要「明統類」之外，還要避免「局而不通」之過，他說：

> 劉向敘九流，言九家者，皆六藝之支與流裔，禮失而求諸野，彼異

〔註41〕《馬一浮集・泰和宜山會語》（第一冊），頁25。
〔註42〕《馬一浮集・泰和宜山會語》（第一冊），頁25。
〔註43〕《馬一浮集・泰和宜山會語》（第一冊），頁25。
〔註44〕戴璉璋，〈馬一浮六藝論的人文思想〉，吳光主編，《馬一浮思想新探──紀念馬一浮先生誕辰125週年暨國際學術研討會論文集》，頁70。
〔註45〕〔唐〕宗密註，《註華嚴法界觀門》卷1（CBETA T45n1884_p0684b24-b25）。
〔註46〕相關之論證，詳見本論文〈第三章 心性論──儒佛等是閒名，心性人所同具〉。
〔註47〕黃懺華，《佛教各宗大意・第三輯第二種・華嚴宗大意》，頁30。

家者，猶愈於野已，此最爲持平之論。其實末流之爭，皆與其所從
出者了無干涉。推之儒佛之爭、佛老之爭，儒者排二氏爲異端；佛
氏亦判儒家爲人天乘，老、莊爲自然外道；老佛互詆，則如顧歡《夷
夏論》，甄鸞《咲道論》之類；乃至佛氏亦有大小乘異執、宗教分途，
道家亦有南北異派，其實與佛、老子之道皆無涉也。儒家既分漢、
宋，又分朱、陸，至於近時，則又成東方文化與西方文化之爭、玄
學與科學之爭、唯心與唯物之爭，萬派千差，莫可究詰，皆局而不
通之過也⋯⋯欲除其病本，唯在於通。〔註48〕

馬浮認爲一切學說、文化之爭，都是末流之爭，與其道了不相涉，因此應該
了知「門庭雖別，一性無差。不一不異，所以名如」〔註49〕之理，他指出：

知抑揚只係臨時，對治不妨互許，掃蕩則當下廓然，建立則異同宛
爾，門庭雖別，一性無差。不一不異，所以名如；有疏有親，在其
自得。一壞一切壞，一成一切成，但絕勝心，別無至道。莊子所謂：
「恢（詭）〔憰〕（譎）〔憰〕怪，道通爲一。」荀卿所謂：「奇物變
怪，倉卒起一方，舉統類以應之，若辨黑白。」禪家所謂：「若有一
法出過涅槃，我亦說爲如夢如幻。」《中庸》之言最爲簡要，曰：「不
誠無物。」孟子之言最爲直截，曰：「萬物皆備於我矣。」《繫辭》
之言最爲透徹，曰：「天下同歸而殊塗，一致而百慮。天下何思何慮。」
蓋大量者用之即同，小機者執之即異。總從一性起用，機見差別，
因有多途。若能舉體全該，用處自無差忒。〔註50〕

由此可見，馬浮一再揭示的天下之所「同歸一致」的是性、如、道、涅槃、
誠⋯⋯對他而言，此皆「一性起用」，唯有「機見差別」而已。馬浮認爲六藝

〔註48〕《馬一浮集·復性書院講錄第一卷·讀書法》（第一冊），頁132。
〔註49〕「如」義，參見慈怡主編，《佛光大辭典》中之「如」條，頁2344：「梵語 tathā。
又作如如、真如、如實。即一切萬物真實不變之本性。蓋一切法雖有其各各不
同之屬性，如地有堅性，水有濕性等，然此各別之屬性非爲實有，而一一皆以
空爲實體，故稱實性爲如；又如爲諸法之本性，故稱法性；而法性爲真實究竟
之至極邊際，故又稱實際。由此可知，如、法性、實際三者，皆爲諸法實相之
異名。諸法雖各各有差別，然理體則平等無異，此諸法之理體平等相同，亦稱
爲如。由此可知，如亦爲理之異名；又此理真實，故稱真如；此理爲一，故稱
一如。又就如之理體而言，因各教門不同，故所立者亦異，如般若經將如立爲
空，法華經將如立爲中。此外，天台宗據法華經方便品十如是（十如）之說，
認爲十界互具十界，故爲百界；而百界各有十如，合則爲千如。」
〔註50〕《馬一浮集·復性書院講錄第一卷·讀書法》（第一冊），頁132～133。

之流失，也只是暫時岐路，若能「知類」而「指歸自性」，即可避免「局而不通」之患。他說：

> 《經解》明六藝流失，曰愚、曰誣、曰煩、曰奢、曰賊、曰亂……《詩》
> 之失何以愚？《書》之失何以誣？《禮》之失何以離？《樂》之失何
> 以流？《易》之失何以賊？《春秋》之失何以亂？失在於不學，又學
> 之不以其道也。故判教之宏，莫如《經解》，得失並舉，人法雙彰，
> 乃知異見紛紜，只是暫時岐路。封執若泯，則一性齊平，寥廓通塗，
> 誰為礙塞？所以囊括群言，旨歸自性，此之謂知類。〔註51〕

按照馬浮的說法，「統是指一理之所該攝而言，類是就事物之種類而言。」〔註52〕「六藝」所指，只是「事物之種類」。因而，「六藝」之說或可以「攝」盡天下諸學，但其本身卻並不具有「統」的意義。於是，「六藝」及其所統諸學，尚需由一「理」來加以該攝。然則這一「理」，又是什麼呢？馬浮曾說：「六藝之本，即是吾人自心所具之義理。」〔註53〕又說：「今治六藝之學，為求仁也。」因而，在他看來，「吾人自心所具之義理」，也即是「仁」，因而也是統攝天下諸學之「理」。由此可知，在馬浮的學術研究格局中，盡管「六藝之學」各有其所側重的內容，但卻顯然都是圍繞一個中心展開的，指向一個共同的目的。也就是說，「六藝之學」的研究本身都不是目的，而只是學者借以識「仁」、體「仁」，進而行「仁」、達「仁」的一個途徑，一種手段而已。〔註54〕誠然，高迎剛所言甚是。馬浮說：「仁者，心之本體，德之全稱。」〔註55〕、「仁是德之總相，全體是性，不盡心者不能知性，即不能識仁。」〔註56〕故知見性識仁為一事。又說：「朱子謂儒家本天，釋氏本心。本天者，謂理之所從出也；本心者，謂法之所由生也。知天為一真法界，則何異之有？」〔註57〕是以，「知天為一真法界」，正說明了馬浮雖言見性識仁，然其所謂之仁，無異於一真法界。

（二）六藝皆圓頓

馬浮論天台與華嚴之判教與頓、漸的關係，他認為教有頓漸，乃因機有

〔註51〕《馬一浮集・復性書院講錄第一卷・讀書法》（第一冊），頁133～134。
〔註52〕《馬一浮集・泰和宜山會語》（第一冊），頁25。
〔註53〕《馬一浮集・泰和宜山會語》（第一冊），頁54。
〔註54〕高迎剛，《馬一浮詩學思想研究》，頁224。
〔註55〕《馬一浮集・泰和宜山會語》（第一冊），頁33。
〔註56〕《馬一浮集・泰和宜山會語》（第一冊），頁67。
〔註57〕《馬一浮集・復性書院講錄第三卷・釋三才》（第一冊），頁242。

頓漸，教若不分頓漸，則成儱侗，他說：

> 凡教皆就機立名，機有頓、漸，故教有頓、漸。天台所立化儀四教，尚有祕密、不定兩門，此不由安排，不容擬議。如《華嚴》唯是頓教，《阿含》、《方等》、《般若》同為漸教非頓。以化法四教配之，藏、通、別皆漸而非頓，圓則是頓而非漸。賢首判五教，小、始、終即當藏、通、別，皆漸也。於圓教外別出頓教，以收達磨一宗，其實圓即頓也。若不分頓、漸，則成儱侗。以頓唯攝圓，其餘悉歸漸攝，教相不得混濫也。（自注：後二門：祕密、不定，則於此悟彼，不可思議，乃統化法四教言之。）此依佛氏教乘言之，義學至賢首而極，後來更不能增損。若儒家本無是說，約義而判，六藝皆屬圓宗，即並可說為頓教。「一以貫之」，非頓而何？（自注：灑掃、應對、進退，即是「精義入神」，與咳唾、掉臂皆為佛法，舉足、下足莫非道場，其旨是一。）〔註58〕

> 佛教有三時，故有方便權乘。儒家教人灑掃、應對、進退，以至精義入神，全是徹上徹下，當下圓實，並無權小，所以為一貫之教也。〔註59〕

馬浮以為，儒家本無圓頓之說，若就義理判之，則「六藝」皆為圓、頓。他以「一以貫之」來說頓，是從「理一分殊」之理事關係，乃至事事無礙來論的，因此「灑掃、應對、進退」亦是佛法，與「咳唾、掉臂」乃為「精義入神」無別。然而，儒家何以「徹上徹下，當下圓實」？是因無佛家天台、華嚴、法相、三論各宗所說，「三時」〔註60〕或五時之教等各個階段之說法。言下之意，儒家是一開始就直揭空有不二之了義圓教。再則，他是採橫向的判教，儒家教相既皆圓實，亦皆了義，則無頓漸之位階，所以，馬浮認為頓漸在己而不在教，他說：

> 《中庸》知、行三等，亦是言機有勝劣，及其知之一也，及其成功

〔註58〕《馬一浮集·爾雅臺答問續編卷二》（第一冊），頁608。

〔註59〕《馬一浮集·問學私記》（第三冊），頁1175。

〔註60〕三時教，是依釋尊說法之時代不同與經典之內容深淺，將佛陀教法分為三時期。一般歸為二說，一為法相宗：「我空法有」之有教、「諸法皆空」之空教、「非有非無」之中道教（指唯識宗）三時；二為三論宗：「心境俱有」之小乘教、「境空心有」之法相大乘、「心境俱空」之無相大乘。參見慈怡主編，《佛光大辭典》，頁596、609。

一也，則亦同歸圓頓。到此田地，更無階差、位次可言。學者分上，
唯須就自己知、行上勘驗。困勉是初，學利是中，生安是後。從生
至熟，此乃有似於漸，及其知之、成功一也，方了得是頓。頓、漸
在己而不在教，且莫議他偏與不偏，亦莫計此是儒義、佛義，如此
方有相應分。今云無漸非頓、無頓非漸者，亦只是揣摩影響之談，
與自己未有干涉。〔註61〕

他指出學者在學習的過程中，由生疏到熟悉，一開始困頓而後至輕安，看起來
似乎是漸進的，一旦了知、成就了，才曉得原是頓教。馬浮論頓漸有兩層意思，
一層是就教義上來看，另一層是就速度快慢來說。首先，從教義的角度來論，
頓教是了義，漸教是不了義，儒家既是圓頓，在見地上就沒有漸教之階次，因
此無論學者根器如何，只需就自己知行上勘驗即可，不需再花費氣力去管教義
是頓、是漸；其次，就速度快慢來說，由於學者一開始就已立於圓教的基準點
上，因此頓漸之別，只是速度快慢的問題，是以頓漸在己而不在教，不要去計
較是偏是圓，也不用在意是儒義是佛義，只需一路老實行去，即得以相應而受
用。相對來說，在馬浮看來，儒家要比佛家來得簡易多了。因此，他更進一步
認爲六藝之原的《易》教，實攝佛氏圓頓之教義，他說：

《易》教實攝佛氏圓頓教義。三易之義，亦即體、相、用三大：不
易是體大，變易是相大，簡易是用大也。〔註62〕

不易故大，是顯其理之常也。眞常絕待，故非「斷」，即當於佛氏之言「體大」。
變易故大，是顯其氣之變也。緣起無礙，故非「常」，即當於佛氏之言「相大」。
簡易故大，是顯其用之神也。於不易中示變易，於變易中見不易。「不捨一法，
不立一法」，乃許「隨處作主，遇緣即宗」。「言滿天下無口過，行滿天下無怨
惡」，雖大用繁興而其體恆寂，是故「可與酬酢，可與祐神」，即當於佛氏之
言「用大」。〔註63〕

　　馬浮以《大乘起信論》之體大、相大、用大，來說明《易》之不易、變
易、簡易。他認爲不易即「眞常絕待」，乃體大；變易即「緣起無礙」，乃相
大；簡易則「隨處作主，遇緣即宗」〔註64〕，乃用大。他在《爾雅臺答問續

〔註61〕《馬一浮集・爾雅臺答問續編卷二》（第一冊），頁608。
〔註62〕《馬一浮集・復性書院講錄第二卷・易教下》（第一冊），頁188。
〔註63〕《馬一浮集・復性書院講錄第六卷・觀象卮言》（第一冊），頁451～452。
〔註64〕出自〔宋〕紹隆等編，《圓悟佛果禪師語錄》卷12（CBETA T47n1997_p0766b23-
　　　　b28）：「師乃云，情與無情一體，觸目皆眞。佛與眾生不別，當體全現。隨處作

編‧告書院學人書六》之附示語中，說明何謂「眞常絕待」？馬浮說道：

> 當知有待者即是緣生法，緣生法無自性，故變滅從緣。自性不是緣
> 生法，乃是無待的，緣起不生，緣離不滅，此乃眞常，盡虛空、遍
> 法界、亘古今而不易的。更無一法與汝爲緣爲待，而一切諸法於中
> 顯現，緣起無礙。若能悟此，即是道顯，便能率性，便可罷參。未
> 悟此無待之理時，則性尚未顯，即道尚晦，所言所行全是氣質用事，
> 即全是情識計度，一生埋沒在習氣中不能自拔，去道彌遠，慎勿輕
> 開大口也。〔註65〕

他指出眞常即是自性，非緣生法，永不變易，故而無待，然而，一切現象於
此顯現，而緣起無礙。一旦悟此絕待之「眞常」，即是道顯，便能率性，便可
罷參。此乃華嚴圓教之旨。顯然地，馬浮在談義理之最關鍵處，幾無不以佛
理來闡明之。黃懺華在〈華嚴宗大意〉「緣起與性起」中說：

> 所謂緣起者，因緣生起義，謂待他緣而生起，以無明爲緣，顯現諸
> 法；所謂性起者，體性現起義，謂不待他緣，依自性本具之性德生
> 起。即性起者，在如來果位上，眞如法性，順自性起爲世出世間一
> 切諸法，所謂性海無風，金波自涌。如妄盡還源觀云，依體起用，
> 名爲性起。又《普賢行願品疏鈔》云：「一心法界成諸法，總有二門：
> 一性起門，二緣起門。關鍵中約親疏也。性起者，謂法界性全體起
> 爲一切諸法也。法相宗說眞如一向凝然不變，故無性起義。此宗所
> 說眞性，湛然靈明，全體即用，故法爾常爲萬法，萬法常自寂然。
> 寂然是全萬法之寂然，故不同虛空斷空，頑癡而已。萬法是全寂然
> 之萬法，故不同遍計倒見定相之物，壅隔執礙。既世出世間一切諸
> 法，全是性起，則性外更無別法。」〔註66〕

主，遇緣即宗。有時放行，則溝渠瓦礫悉生光彩；有時把定，則眞金七寶咸皆
失色。所以道：諸人欲識命麼？流泉是命，湛寂是身；千波競起，是文殊境界；
一亘晴空，是普賢床榻。」

〔註65〕《馬一浮集‧爾雅臺答問續編卷六》（第一冊），頁701。

〔註66〕見黃懺華，《佛教各宗大意‧第三輯第二種‧華嚴宗大意》，頁36～37。又此
中所引，則見於〔唐〕澄觀別行疏‧宗密隨疏鈔，《華嚴經行願品疏鈔》卷1
（CBETA X05n0229_p0222b19-c06）中原作：「無有一法不是本心所現，無有
一法不是眞界緣起，無有一法先於法界，由是萬法資假眞界，而得初始生起
也。然一法界心成諸法者，總有二門：一性起門，二緣起門，關鍵中約親疏
也。性起者，性即上句眞界，起即下句萬法，謂法界性全體起爲一切諸法也。

馬浮所言「一切諸法於中顯現，緣起無礙」之「中」即是「眞常」、即「絕待之理」、即「性」，然於此中「緣起無礙」，乃是《華嚴》「性起」之義。此性即「眞如法性」，所謂「性起」乃「不待他緣，依自性本具之性德生起」萬法，由此更可見馬浮每每使用「性德」一詞之源由與歸趣，實由佛理而來。馬浮在前所言之〈告書院學人書六〉中，接著說：

> 書院亦是緣生法，待緣而興，緣具則暫存，緣缺則立息，此於道絕
> 無增損。諸君來此共學，吾今暫時在此講論，皆是其中之一緣耳。
> 此緣非實有，何勞把捉？道本人人性中所自具，豈待講說而後顯？
> 若必有待於講說者，則是以學爲在外也。所以權示有講說，亦假此
> 有待之緣，欲諸君悟此無待之理耳……本欲明六藝之道，反成流失，
> 復有何益？〔註67〕

復性書院是馬浮一手創辦的，投注了極大的心力，對他而言，此乃待緣而興，依緣而息，終非實有，唯借此有待之緣會，令具緣諸君了悟無待之理。馬浮如此恪守於緣生的生命基調，毋寧說是更近於佛家的思維向度。難怪滕复要說：「甚至到了晚年，馬一浮先生偶爾也會以『老僧』、『病僧』自比，可見佛學在馬氏精神世界中所產生的影響之深。」〔註68〕因此，馬浮之所以言六藝，是爲了明六藝之道，此道即是「性德」，他說：

> 六藝本用以顯性德，學焉而得其性之所近，則亦可具體而微。若變
> 而成爲助長一種習氣，則謂之流失。醍醐亦可變成毒藥，此所以識
> 法者懼也。〔註69〕

換言之，六藝乃用來顯發性德之方便，依此可由具體而顯微，但若執此緣生之六藝爲實有，醍醐則反成爲毒藥。正因馬浮對六藝爲醍醐信誓旦旦，所以，他認爲《易》教可攝佛氏圓頓教。事實上，馬浮認爲儒佛之理一，是無庸置疑的，亦即六藝之道與佛氏圓頓無異；但在用上，即在理之發用上，亦即六藝之教之教化上，儒家則略勝一籌，因此可攝佛氏。他在其早年有名之〈與

> 法相宗說眞如一向凝然不變，故無性起義。此宗所說眞性，湛然靈明，全體
> 即用，故法爾常爲萬法，法爾常自寂然。寂然是全萬法之寂然，故不同虛空
> 斷空，頑癡而已。萬法是全寂然之萬法，故不同遍計倒見定相之物，擁隔質
> 礙。既世出世間一切諸法全是性起，則性外更無別法。」

〔註67〕《馬一浮集・爾雅臺答問續編卷六》（第一冊），頁701。
〔註68〕滕复，《馬一浮思想研究》，頁93。
〔註69〕《馬一浮集・爾雅臺答問續編卷六》（第一冊），頁702。

蔣再唐論儒佛義〉中指出：

> 《易》無方無體，無思無爲，而盛德大業，開物成務，原始反終，
> 窮神知化，寂而常感，感而常寂，以言乎遠則不禦，以言乎邇則靜
> 而正。孔子歎《易》之德曰：「非天下之至精、至變、至神，其孰
> 能與於此。」此猶《華嚴》之稱大方廣矣。故謂圓融具德，緣起無
> 礙，無盡法界，相即相入。如來不思議境界者，正是《易》教所攝
> 也。〔註70〕

馬浮以爲《易》教是如此廣大精微，故而可以融攝《華嚴》圓教之緣起無礙，
乃至如來不思議境界。因此，《易》既能攝此，亦即爲圓頓！

（三）六藝互攝

然則，「六藝」之間的關係又如何呢？他說：

> 華嚴家有帝網珠之喻，謂交光相羅，重重無盡，一一珠中遍含百千
> 珠相，交參互入，不雜不壞。六藝之道亦復如是，故言《詩》則攝
> 《禮》，言禮則攝《樂》，《樂》亦《詩》攝，《書》亦《禮》攝，《易》
> 與《春秋》亦互相攝，如此總別不二，方名爲通。〔註71〕

馬浮反覆強調「六藝」之間是「交參互入，不雜不壞」，彼此互攝的關係，有
如華嚴帝網之喻，乃總別不二，重重無盡。因此，高迎剛認爲「六藝之學」
雖各有疆域，但並不具備西方學術所謂「分科」的意義。〔註72〕因爲六藝間
的互攝互融，是總別相望，而非各自獨立，是以統類是一，始終條理，因此
無分科之失，非局乃通。進一步言之，六藝是「類」，「統」者「一心」是也！

第二節 六藝統攝於一心

一、六藝與心

就六藝與心言之，馬浮認爲六藝即是一心之全體大用，他說：

> 一切道術皆統攝於六藝，而六藝實統攝於一心，即是一心之全體大
> 用也。《易》本隱以之顯，即是從體起用。《春秋》推見至隱，即是

〔註70〕《馬一浮集‧書札》（第二冊），頁505。
〔註71〕《馬一浮集‧復性書院講錄第四卷‧禮教緒論》（第一冊），頁300～301。
〔註72〕高迎剛，《馬一浮詩學思想研究》，頁24。

攝用歸體。故《易》是全體，《春秋》是大用。〔註73〕

六藝是由心之所發用，而心乃兼體用。就六藝言之，《易》是從體起用，《春秋》是攝用歸體。體用不二，統於一心。馬浮說道：

> 天也，命也，心也，性也，皆一理也……就其體用之全言之，謂之心；就其純乎理者言之，謂之性；就其自然而有分理言之，謂之理；就其發用言之，謂之事。〔註74〕

若就理事關係來看，天、命、心、性皆爲理，六藝爲心之體用，因此兼含理事，那是由於「本體論、宇宙論屬之《易》」〔註75〕的緣故，因此，六藝不單是指「事」。馬浮指出：

> 《繫辭傳》曰：「夫《易》何爲者也？夫《易》開物成務，冒天下之道，如斯而已者也。」《易》爲六藝之原，亦爲六藝之歸……冒者，覆也。如天之無不覆幬，即攝無不盡之意。知《易》「冒天下之道」，即知六藝冒天下之道，「無不從此法界流，無不還歸此法界。」故謂六藝之教終於《易》也。〔註76〕

馬浮認爲《易》涵攝天下之道，是六藝的源頭，也是六藝的歸宿。因此，《易》爲六藝之一，故六藝自可統攝天下之道。就理言之，《易》亦體現爲「心之本體」，而「《易》所體現的這種『心之本體』不僅是『六藝之原』，而且也是『六藝之歸』。這即是說，『心之本體』不僅是『六藝』所自出的本原，還是『六藝之學』共同的目的和歸宿。故《易》所包含的義理，足以涵攝其他諸藝的旨趣所在。」〔註77〕就體用言之，則「六藝攝歸一心」，馬浮說：

> 《中庸》曰：「惟天下至聖，爲能聰明睿知，足以有臨也；寬裕溫柔，足以有容也；發強剛毅，足以有執也；齊莊中正，足以有敬也；文理密察，足以有別也。溥博淵泉，而時出之。」此爲聖人果上之德相。《經解》所言「溫柔敦厚」、「疏通知遠」、「廣博易良」、「恭儉莊敬」、「潔靜精微」、「屬辭比事」，則爲學者因地之德相。而「潔靜精微」之因德，與「聰明睿知」之果德並屬總相，其餘則爲別相。曰聖曰仁，亦是因果相望，並爲總相。總不離別，別不離總，六相攝

〔註73〕《馬一浮集・泰和宜山會語》（第一冊），頁20。
〔註74〕《馬一浮集・復性書院講錄第一卷・復性書院學規》（第一冊），頁113。
〔註75〕《馬一浮集・語錄類編・六藝篇》（第三冊），頁936。
〔註76〕《馬一浮集・復性書院講錄第六卷・觀象卮言》（第一冊），頁422～423。
〔註77〕高迎剛，《馬一浮詩學思想研究》，頁231。

歸一德，故六藝攝歸一心……大哉，六藝之爲道；大哉，一心之爲
德。〔註78〕

他認爲學者因地之德相和聖人果上之德相，有總相和別相之異，但總別之間是相互依存的。其中，《易》之因德「潔靜精微」，與《易》之果德「聰明睿知」並屬總相，餘之五藝之因德與果德皆爲別相。這說明了《易》爲六藝之原的特殊地位，及其對於諸藝的統攝性。六藝即道之體現，一心即德之體現。

二、六經之本跡

就六經之本跡言之，馬浮認爲：

有六經之迹，有六經之本。六經之本是心性，六經之迹是文字，然六經文字亦全是心性的流露，不是臆造出來。〔註79〕

六經之旨皆人心固有之義理，人心一日不亡，六經便一日存在。即使古代經典盡爲灰燼，中文字全部消滅，而義自在人心，未來世若有聖人出，則必與堯、舜、孔、孟無二般。是以經亡不必憂，可憂者惟在德之不修，學之不講耳。〔註80〕

六經即是六藝，六經的本源即是心性，因此，六經文字皆是從心性所流出來的，此乃本跡不二。馬浮把心和經典連成一氣，因此，即使經典文字全都消失殆盡，只要人心不亡，六經之旨亦不失，因爲義自在人心。經亡不可畏，可畏者乃在不講學修德！

第三節　六藝該攝中外學術

一、六藝統諸子

馬浮談六藝統諸子，是從六藝流失的角度切入的。馬浮認爲《漢書·藝文志》關於諸子出於王官之說不可信，也反對章學誠「六經皆史」的觀點，他以爲諸子出於六藝，六藝與先秦諸子的關係，猶如《莊子·天下》篇中所說的「道術」與「方術」的關係，道術爲該遍之稱，而方術則爲一家之言，

〔註78〕《馬一浮集·泰和宜山會語》（第一冊），頁20～21。
〔註79〕《馬一浮集·問學私記》（第三冊），頁1158。
〔註80〕《馬一浮集·問學私記》（第三冊），頁1169。

方術（諸子）出於道術（六藝），是道術（六藝）的流失。道術（六藝）之所以會有流失，這都是「習」所造成的結果。因爲心有「習」才會有所偏重，有偏重就必然會有流失。〔註81〕因此「道術將爲天下裂」之故，六藝流失而後有諸子。他引《經解》說：

> 《詩》之失愚，《書》之失誣，《樂》之失奢，《易》之失賊，《禮》
> 之失煩，《春秋》之失亂。〔註82〕

「六藝」之所以有流失，是因爲墨家統於《禮》，名、法家也統於《禮》，道家統於《易》。如果以《經解》的「六藝」之失爲準的，則馬浮認爲，老子得之於《易》者爲多，其失也多；莊子得於《樂》者多，失之多；墨子的《兼愛》、《尚同》出於《樂》，《節用》、《尊天》出於《禮》，其於《禮》、《樂》是得少失多；法家兼有道家的特點，其於《禮》、《易》，也是得少失多；惠施、公孫龍子得少失少；荀子得多失少；雜家也是得少失少；農家和陰陽家雖出於《禮》與《易》，因末流卑陋，無足判。因此馬浮說：「觀於五家之得失，可知其學皆統於六藝，而諸子學之名可不立也。」〔註83〕劉夢溪認爲，以「流失論」看諸子和「六藝」的關係，「六藝統諸子」，是完全可以成立的。

二、六藝統四部

就四部來看，經、史、子、集四部，經部諸書本由「六藝」繁衍而來，包括至宋代足備的《十三經》，其中《孝經》和《論語》「二經」記載「六藝」的旨趣最爲集中，《孟子》因道醇而與《論語》並列，《爾雅》則詮釋群經名物。其餘九經，都不離「六藝」之屬。因此，如果把《十三經》分爲「經部之書爲宗經論、釋經論二部」，說它們「皆統於經」，道理上應不成問題。史部，《史》、《漢》皆爲《春秋》遺意，而觀其多錄詔令奏議，又可視爲《尚書》之遺意。至於《通典》、《通志》、《通考》、《通鑒》，馬浮說：「編年紀事出於《春秋》，多存論議出於《尚書》，記典制者出於《禮》。」以此如果認爲諸史均統於《書》、《禮》、《春秋》，恐不致有太大爭議。集部，馬浮說：「文章體制流別繁，皆統於《詩》、《書》。」又說：「《詩》以道志，《書》以道事，文

〔註81〕李峻嶺，〈淺析「六藝該攝一切學術」的現實意義〉，吳光主編，《馬一浮思想新探──紀念馬一浮先生誕辰125週年暨國際學術研討會論文集》，頁214。
〔註82〕《馬一浮集‧泰和宜山會語》（第一冊），頁12。
〔註83〕劉夢溪，〈馬一浮和「六藝論」〉，吳光主編，《馬一浮思想新探──紀念馬一浮先生誕辰125週年暨國際學術研討會論文集》，頁178～179。

章雖極其變，不出此二門。」又說：「《詩‧大序》曰：『治世之音安以樂，其政和；亂世之音怨以怒，其政乖；亡國之音哀以思，其民困。』三句便將一切文學判盡。」又說：「《詩》教通於《書》教。」所以他認為，一切文學都可以看作是《詩》教和《書》教之遺。這樣來詮解，認為「六藝」能夠統攝「四部」，自然也說得通。〔註84〕

簡言之，馬浮對於「四部」，是以「六藝」兼容並包來取消其門類的獨立性。他把經部著述分為宗經論、釋經論，把史部著述分為記事與存言兩類，把集部著述劃歸道志與道事，最後論判四部皆出於「六藝」，因此，「四部」所含各學之名可不立也。

三、六藝統西學

對於西來學術，馬浮是以「六藝」來分別統攝其相對應的內涵。他說：

> 舉其大概言之，如自然科學可統於《易》，社會科學（自注：或人文科學）可統於《春秋》……文學、藝術統於《詩》、《樂》，政治、法律、經濟統於《書》、《禮》，此最易知。宗教雖信仰不同，亦統於《禮》，所謂「亡於禮者之禮也」。哲學思想派別雖殊，淺深小大亦皆各有所見，大抵本體論近於《易》，認識論近於《樂》，經驗論近於《禮》；唯心者《樂》之遺，唯物者《禮》之失。凡言宇宙觀者皆有《易》之意，言人生觀者皆有《春秋》之意，但彼皆各有封執而不能觀其會通，莊子所謂「各得一察焉以自好」，「各為其所欲以自為方」者，由其習使然。若能進之以聖人之道，固皆六藝之材也。道一而已，因有得失，故有同異，同者得之，異者失之。《易》曰：「天下同歸而殊塗，一致而百慮，天下何思何慮？」睽而知其類，異而知其通，夫何隔礙之有？衷實言之，全部人類之心靈，其所表現者不能離乎六藝也；全部人類之生活，其所演變者不能外乎六藝也。故曰：「道外無事，事外無道。」〔註85〕

馬浮早年遊歷美、日、德等國，精通各國語言，閱覽西方政經藝哲論著，雖歷時未久，亦非專研，然對其學術源流與類別之梗概，不可謂之渾噩。他的

〔註84〕劉夢溪，〈馬一浮和「六藝論」〉，吳光主編，《馬一浮思想新探》，頁178。又，其中引文皆見於《馬一浮集‧泰和宜山會語》（第一冊），頁15～17。

〔註85〕《馬一浮集‧泰和宜山會語》（第一冊），頁21～22。

結論是「彼皆各有封執而不能觀其會通」，這是由於習性使然，若能「進之以聖人之道，固皆六藝之材也」。因此，他以六藝統攝西學的目的，是在點醒盲目追逐西學之時人，西學之弊在於「局而不通」、在於「知類而不知統」。因此，他說：

> 近世哲學，始有本體論、認識論、經驗論、方法論之分，中土聖人之學，內外本末只是一貫。〔註86〕

馬浮一向念茲在茲的，都是為了揭示這「一貫」之理。又說：

> 中土聖賢之學，道理只是一貫，故體用一源，顯微無間，二之則不是。西方自希臘以來，其學無不以分析為能事，正是二體之學。然立說亦有權實，中國以權說顯真教，西方則以權說為實體，是他的病痛所在。〔註87〕

他指出中土之學和西學之異，在於前者乃「體用一源，顯微無間」，後者則「唯重分析，難以返本」；前者「以權說顯真教」，後者「以權說為實體」。此所言真教，即指「圓教」。然而，馬浮一直強調儒家六藝唯實無權，何以此刻卻說「中國以權說顯真教」？顯然，他並未截然劃分儒佛，因此即使是佛家不了義之權教，也都為了顯現了義之圓教。馬浮認為「以權說為實體」是西學的病痛所在，觀之西學之本體論，其所言之本體，無非不指稱一實有之存在本體，然而，馬浮卻斥之為「病痛」，因此馬浮心中之「理」之究竟處，亦可見於一斑了！他更進一步就性與習來分判中西文化，他指出：

> 東方文化是率性，西方文化是循習。西方不知有個天命之性，不知有個根本，所以他們底文化只是順隨習氣……又曰：西方哲學，如經驗派只說到習，理性派只說到種子，若義理之性，則未見到。〔註88〕

他用「習」與「種子」，來說明西方學派的不同意涵，並認為西哲並未見「性」。此外，由此亦可看出馬浮每每於析論時，往往是以佛理來論述的。再則，他也不認同西方的風俗制度，並強烈批判近世所崇尚之西方文明只是草昧而已，他說道：

> 本心為人所固有，莫不皆同。只因西方學者從來無人見性，其國之風俗制度又從而陷溺之。及錮蔽既久，雖有本心，亦發露不出，可

〔註86〕《馬一浮集・爾雅臺答問續編卷二》（第一冊），頁584。
〔註87〕《馬一浮集・問學私記》（第三冊），頁1139。
〔註88〕《馬一浮集・問學私記》（第三冊），頁1150。

嘆！〔註89〕

近世所謂文明，只務宮室車服之美、遊樂之娛而已。然上下凌夷、
爭鬥劫奪，無所不爲。不知此正是草昧，豈得謂之文明。自近世以
此爲文明，遂使人群日陷於草昧而不自知，眞可浩嘆……何謂文，
文者事之顯，參錯交互而不亂者也。明者性之德，虛靈不昧，〔註90〕
無時或已者也。文就人倫言，明就心理說。人倫有序謂之文，心中
不昧謂之明。文明與草昧相對，草者雜亂之謂，昧者昏迷之稱。近
世人倫失常，昏迷顛倒，正是草昧。國人率皆以西方社會爲文明，
不知西方正是一部草昧史，豈得謂之文明。〔註91〕

馬浮爲「文明」正名之，他認爲「文」是指人倫有序，「明」則是心中不昧。
有序則事事「參錯交互而不亂」，不昧則無「上下凌夷、爭鬥劫奪」之能事。
因此，不得謂「宮室車服之美、遊樂之娛」爲文明。這也正是對當時我國學
術界大量接受西方文化觀念，而忽視對傳統文化之繼承的嚴正批評。

第四節　本章小結

馬浮的六藝論，核心議題在於「六藝該攝一切學術」及「六藝統攝於一
心」。前者的理據即在後者。所謂「六藝統攝於一心」，蘊含三層意義，即六
藝之道出於一心，六藝之教歸本於一心，以及六藝之間可以兼賅互攝。其中
「教」是關鍵，「教」能歸本於「一心」，「道」乃可用一心性德之朗現而具體
開顯，而六藝之間也可因性德之融通而兼賅互攝。〔註92〕因此，馬浮說：

六藝本是吾人性分內所具的事，不是聖人旋安排出來。吾人性量本
來廣大，性德本來具足，故六藝之道即是此性德中自然流出的，性
外無道也。〔註93〕

〔註89〕《馬一浮集·問學私記》（第三冊），頁 1173～1174。
〔註90〕見〔唐〕宗密述，《圓覺經道場修證儀》卷 12（CBETA X74n1475_p0464c04）：
　　　　「虛靈不昧似明珠，此即經中明字是」。馬浮所言「明者性之德，虛靈不昧」
　　　　與宗密此說何等神似？此亦馬浮所言「性德」之爲佛理之一證。
〔註91〕《馬一浮集·問學私記》（第三冊），頁 1171～1172。
〔註92〕戴璉璋，〈馬一浮六藝論的人文思想〉，吳光主編，《馬一浮思想新探——紀念
　　　　馬一浮先生誕辰 125 週年暨國際學術研討會論文集》，頁 86。
〔註93〕《馬一浮集·泰和宜山會語》（第一冊），頁 18。

六藝之教，不是聖人安排出來，實是性分中本具之理。〔註94〕

六藝者，道之全體，一切學術莫能外之。學術類別雖繁，推求其本，皆六藝之枝與流裔也。今之學者，務求分疏，不知統類，莊生所謂往而不反。某以六藝統攝一切學術，蓋欲使人返其本源，觀其會通，從異中求同，別中求總，庶幾可見道之大全而不陷於偏曲。六藝為一切學術所從出，故可以統攝一切。〔註95〕

他的真正用意，是在扭轉學術界「百家往而不返」的局勢，企圖用六藝來接引百家之學，使之復返於道術，以成就其終極價值。然則，「六藝者，道之全體」、「六藝之道即是此性德中自然流出」、「六藝本是吾人性分內所具的事」，此所言性、性德、道所指為何？馬浮明指：

吾儒則天即是理、性、命、道、教，初無二致，此乃一真法界，惟《華嚴》圓教與之冥符，亦無執性廢修之失。〔註96〕

可見，馬浮所說的儒家義理，天、理、性、命、道、教，乃一真法界、《華嚴》圓教明矣！顯然，這與他早年〈與蔣再唐論儒佛〉之言是一貫的。他說：

原夫聖教所興，同依性具。但以化儀異應，聲句殊施，故六藝之文顯於此土，三藏之奧演自彼天。法界一如，心源無二，推其宗極，豈不冥符。果情執已亡，則儒佛俱泯。〔註97〕

我們要進一步問的是，六藝何以能攝華嚴圓教呢？馬浮的「六藝之文顯於此土；三藏之奧演自彼天。法界一如，心源無二。」作了最佳的註腳。因為「三藏之奧」只論及「法界心源」，並未展開「六藝之文」，而「六藝之源」與「三藏之奧」無二，因此，六藝既具「文」與「奧」，就涵蓋性之周延度而言，六藝開展了人文化成之種種面向，對馬浮而言，自可統攝華嚴圓教。是故，馬浮是以「六藝之教」來統攝華嚴圓教，而「六藝之道」則與佛家圓教並無二致。

再則，馬浮提出了以「六藝之學」統攝天下諸學的主張，決非如某些人所認為的那樣是一種抱殘守缺、故步自封的行為，而是在西學影響逐漸擴大，中國傳統學術日趨沒落的時代背景中，力圖將中國固有之學術形態由傳統推

〔註94〕《馬一浮集・泰和宜山會語》（第一冊），頁18。
〔註95〕《馬一浮集・問學私記》（第三冊），頁1192。
〔註96〕《馬一浮集・語錄類編・四學篇》（第三冊），頁963。
〔註97〕《馬一浮集・書札》（第二冊），頁502。

向現代的一種努力。「其意義在使諸生於吾國固有之學術得一明瞭之認識，然後可以發揚天賦之知能，不受環境之陷溺，對自己完成人格，對國家社會乃可以擔當大事。」〔註98〕不僅如此，在馬浮看來，研究「六藝之學」，不但對中國當代文化的重建有所助益，對世界文化的發展亦將有所貢獻：「今日欲弘六藝之道，並不是狹義的保存國粹，單獨的發揮自己民族精神而止，是要使此種文化普遍的及於全人類，革新全人類習氣上之流失，而復其本然之善，全其性德之眞。」〔註99〕其苦心詣旨，可昭日月。

〔註98〕 《馬一浮集・泰和宜山會語》（第一冊），頁 3。
〔註99〕 《馬一浮集・泰和宜山會語》（第一冊），頁 23。

第六章　結　論
——馬浮思想之定位與省思

綜括先前章節之論證闡述，吾人發見馬浮思想之定位，乃在佛家。歷來研究馬浮之學者，雖大抵將馬浮歸屬於儒家，然而，吾人以為唯有「儒骨佛心」一語，方能一窺馬浮思想之神韻！

第一節　馬浮思想之定位

馬浮在復性書院講授《觀象巵言三》之後，嘗問門人：「試說何處最為要義所在？」並評論弟子張立民、王培德之言，說道：

> 雖亦各知引歸自己，然祇會對治悉壇，第一義悉壇則不會。吾所謂最要處，乃指法身慧命終則有始而言。見性知命乃能續得聖賢血脈。孟子後不得其傳，而濂溪既出，一念相應，便自相續。所謂「念劫圓融」，「三大阿僧祇祇是一念」，雖千年無間也。所以見性知命之道，則在用艮。艮也者，成始而成終者也。先儒易之以敬，不敬不能止，故用敬即是用艮。止者，先歇妄念，最後脫生死也。吾昔從義學、禪學翻過身來，故言之諦當，可以自信。今更為拈出，賢輩將來能勝過我，當知此言不誤也。〔註1〕

於此段珍貴之師生問答中，我們彷彿看到了馬浮說《易》時，深造自得之自信身影。同時也得見馬浮一向「圓融」之精神，在短短的對話當中，橫跨了時空的間距，貫串了儒佛的要義，弭合了兩家之別異。然而，卻又不經意地

〔註1〕　《馬一浮集·語錄類編·儒佛篇》（第三冊），頁1057。

透露著馬浮思想的終極歸趣。

　　由此，我們可以肯定的是，馬浮每每論及義理之核心時，無不以佛理爲究竟歸處。其中，最發人深省的是，其與門人對答之末段，馬浮自揭：「吾昔從義學、禪學翻過身來，故言之諦當，可以自信。今更爲拈出，賢輩將來能勝過我，當知此言不誤也。」〔註2〕馬浮此說，乃不假思索，時至理至之言。吾人若深心體究、仔細揣摩之，則馬浮對己之所言，得以充滿信心之眞正根源，不正是「義學」、「禪學」嗎？

　　在這段師弟對話中，我們可就其諦實觀、時間觀與生死觀三點，來進一步說明：馬浮心底實以佛家爲依歸。首先，就其諦實觀來說。他認爲當日所授之最要義處，乃在於「指法身慧命終則有始」而言，亦即「見性知命」。換言之，光是「引歸自己」還不夠，需得能「體究自性」，方會得「第一義悉壇」。馬浮於此運用佛家四悉壇以釋《易》說經，令人一聞便知，在教學講授上，確有其獨到的眼光。然此「性」與「命」所指爲何？馬浮點明的，乃是「法身」與「慧命」。他又指出：

> 終則有始，不可作輪迴見。法身、慧命無令斷絕，故有繼紹。薪盡火傳，佛佛道同，聖賢血脈亦復如是。〔註3〕

換言之，馬浮認爲儒家聖賢血脈的繼紹，無異於佛家法身慧命的相續，而此乃超乎輪迴的。1930年，馬浮在〈至熊十力〉書信中，論輪迴義時說道：

> 尊兄説：「涅槃是非人生的，儒家終是人生的。」弟愚，亦所未喻。經明云：「一切眾生即涅槃相。諸法從本來，常自寂滅相。」所謂超人生的即在此人生之中，世出世間，等無有異。現前法法皆涅槃，不是別有一箇境界來換卻這一箇。因亡果喪，更何有取證之者？眞的生命卻是公共的，無個別的。如來智相之身，豈同色身迭相見，故此猶是以報身言，況法身邪？〔註4〕

馬浮強調法法皆涅槃，不可以世、出世間來判儒佛。所謂「眞的生命卻是公共的，無個別的」，即指「法身」與「慧命」而言。然而，「凡愚執爲己命者，此乃夭壽無常」〔註5〕，而「隨氣聚散，佛氏歸之結業」〔註6〕，亦即「分段生死」，

〔註2〕　《馬一浮集‧語錄類編‧儒佛篇》（第三冊），頁1057。
〔註3〕　《馬一浮集‧復性書院講錄第六卷‧觀象卮言》（第一冊），頁448。
〔註4〕　《馬一浮先生遺稿三編》，頁161。
〔註5〕　《馬一浮集‧復性書院講錄第六卷‧觀象卮言》（第一冊），頁443。
〔註6〕　《馬一浮集‧復性書院講錄第六卷‧觀象卮言》（第一冊），頁443。

故落於輪迴。此外，他也不認同熊十力「信《華嚴》而不信華嚴宗諸師」〔註7〕之舉，並規勸他：「若謂諸師儱侗，尚待一一簡出，甚願尊兄節省精力，暫且置之。」〔註8〕他說：「弟意，終不欲輕誹古人，以爲若論學地，自有深淺，若論性分，豈唯今日勝他不得，盡未來際，後後亦不能勝於前前。」〔註9〕可見，在馬浮心中，他以《華嚴》及華嚴宗諸師，與佛家法報化三身之見爲依歸，則是事實。

其次，就其時間觀來說。他認爲「念劫圓融」、「三大阿僧祇祇是一念」，此觀點實出自佛家。唐代澄觀說：「念劫圓融者，約一念即不可盡，一念即無量劫。無量劫即一念等，故云爾也。念即多劫，何定時之長短哉？」〔註10〕即於時間上，見一即一切之理，乃說念與劫即入而圓融無礙，蓋以時間無體性之故。華嚴家依念劫融即之義，闡釋華嚴經之「說時」及圓教菩薩修行之時分。〔註11〕可見馬浮的時間觀，實亦來自華嚴。

最後，就他的生死觀來說。以理言，他說道：「死生之義，佛說爲詳。然彼土之言雖多，亦無所增；此土之言雖簡，亦無所欠。」〔註12〕此乃指「性分上無生死可說」〔註13〕；然以氣言，仍不免要「脫生死」，此自是指了脫「分段生死」而言。馬浮的工夫極爲簡易，即是用艮，即是用敬，即是止。「止者，先歇妄念，最後脫生死也。」又，「澈法源底圓悟眞常，在佛氏謂之了生脫死。」〔註14〕因此，「不用求眞，唯須息妄。涅槃生死等是空華。」〔註15〕究竟說來，馬浮雖儒佛並列，但還是以佛說爲準則。

再則，試觀其在《觀象巵言》中的最後一段話，他說：

「絜靜精微，《易》教也」，「絜靜精微而不賊」，何謂也？絜者，無垢義。雜染盡，不受諸惑，斯名潔。靜者，不遷義。散亂心息，無諸攀緣雜慮，常住正念，斯名靜。精者，眞實義，觀一切法一相，

〔註7〕《馬一浮先生遺稿三編》，頁162。

〔註8〕《馬一浮先生遺稿三編》，頁162。

〔註9〕《馬一浮先生遺稿三編》，頁162。

〔註10〕〔唐〕澄觀述，《大方廣佛華嚴經隨疏演義鈔》卷3（CBETA T36n1736_p0024a18-a20）。

〔註11〕見慈怡主編，《佛光大辭典》，頁3214。（按，「念劫融即」又作「念劫圓融」。）

〔註12〕《馬一浮集·復性書院講錄第二卷·易教上》（第一冊），頁185～186。

〔註13〕《馬一浮集·問學私記》（第三冊），頁1153。

〔註14〕《馬一浮集·復性書院講錄第二卷·易教上》（第一冊），頁185。

〔註15〕《馬一浮集·爾雅臺答問卷一》（第一冊），頁522。

是謂精。（自注：皮膚脱落盡，唯有一眞實。到此見地，方得穩密。）

微者，深密義。見諸相非相，是謂微。（自注：離名絕相，唯一眞際。

諸相即器，凡夫見之，唯是器相。聖人於器，唯見是道，即是見諸

相非相也。）如此方能深入《易》教。（自注：絜靜是止，精微是觀。

止用《艮》，動亦定，靜亦定也。觀用《巽》，見萬物之絜齊也。一

切行門用《震》，一切言教用《兌》。建化利物用《離》，萬物相見，

「顯諸仁」，大悲也。會己歸寂用《坎》，萬物所歸，「藏諸用」，大

智也。此即順《乾》《坤》性命之理，得乎易簡之德者也。如此方可

立人之道。）然有纖毫人見、法見即名爲賊，此見若不剗絕，爲人

即禍生矣。是故曰「懼以終始，其要無咎」也。末後之教於此揭盡，

可以息言矣。〔註16〕

馬浮認爲《易》教之「絜靜精微」，分屬無垢義、不遷義、眞實義與深密義。

然而，「無垢」、「不遷」、「眞實」、「深密」正是佛教經論中之常見語，尤見於

《般若》與《華嚴》。再則，他說：「觀一切法一相，是謂精」。《華嚴》有云：

「觀一切法一相無相，亦不壞於諸法自性；住眞如性，恒不捨離。」〔註17〕

可見，其所言之「眞實」，即是「眞如」；又說：「見諸相非相，是謂微」。《金

剛經》亦云：「佛告須菩提：『凡所有相，皆是虛妄。若見諸相非相，則見如

來。』」〔註18〕〔唐〕宗密於《圓覺經大疏釋義鈔》中也說：「《金剛》云：『若

見諸相非相，則見如來。』離一切相即名諸佛，無有高下是名阿耨菩提等，

諸部般若及中百門論首末皆是。」〔註19〕可見，馬浮言己「游心大乘，篤好

般若。」〔註20〕實非虛言。故而，有「纖毫人見、法見即名爲賊，此見若不

剗絕，爲人即禍生矣。」之論，亦屬必然！顯然，其所謂「絜靜是止，精微

是觀」，即是「止觀雙運」；其所謂「顯諸仁，大悲也」、「藏諸用，大智也」，

豈非「悲智雙運」？他說道：

更無心外法能與心爲緣，是故一切法皆心也。是心能出一切法，是

心遍攝一切法，是心即是一切法。聖賢千言萬語只明此義，説性命

〔註16〕　《馬一浮集・復性書院講錄第六卷・觀象卮言》（第一冊），頁488～489。

〔註17〕　〔唐〕實叉難陀譯，《大方廣佛華嚴經》卷40（CBETA T10n0279_p0214a15-a17）。

〔註18〕　〔後秦〕鳩摩羅什譯，《金剛般若波羅蜜經》卷1（CBETA T08n0235_p0749a23-a25）。

〔註19〕　〔唐〕宗密，《圓覺經大疏釋義鈔》卷2（CBETA X09n0245_p0512a17-a19）。

〔註20〕　《馬一浮集・序跋書啓》（第二冊），頁117。

之理乃是顯此心之本體，説三才之道乃是顯此心之大用，所以作《易》
垂教，只是要人識得此心耳……「顯諸仁」，言識仁則體顯也；「藏
諸用」，言智發則用備也。（自注：仁以表體，用即是智。）全體在
用，故名「藏」；全用是體，名「顯」。此之謂心要，此之謂六藝之
原。〔註21〕

馬浮指出作《易》垂教，只是要人識得此心之體用，此乃心要之所在，亦爲
六藝之原。也唯有識此六藝之道，才能開展出六藝之教，而造就成六藝之人。
然此心何以是「佛心」而非「儒心」？事實上，在馬浮看來，儒心與佛心無
別。但是，客觀論之，「般若」是鑑別佛法與其他思想學説之異的關鍵。正如
吳立民所説：「一切外道儀式、名義、修法等等，歸於般若，都變成佛法；一
切佛法之修持、教化、儀軌等等，離開般若，都變成外道。如此説來，宗教
根本於般若，便是佛法之宗教；哲學證入於般若，便是佛法之哲學。」（《般
若與業力》序，民族出版社 2002 年版，第 4 頁）佛法一無所有，又無所不有；
佛法是宗教可，是哲學可，非宗教非哲學可，亦宗教亦哲學可。順著這種圓
融的智慧，我們完全可以説，《周易》是佛法可，《周易》非佛法可。《周易》
證入了佛法，便是《周易》亦佛法、佛法即《周易》。〔註22〕劉澤亮此説甚是！
然而，馬浮真不知儒佛之別異嗎？非也，非也！他不是一直都在會通儒佛嗎？

　　吾人發現，馬浮在宗教情感上，傾向儒家；在理性思維上，則以佛家核
心義理爲諦實。事實上，馬浮未能自覺其情感與理性之真實狀態，因此，即
便是服膺於佛教所揭示之真理，其宗教情感卻會驅使他做出儒家更爲優異的
判斷。這一點，正是馬浮的內在衝突。爲了化解此一實質之困難，他必須提
出儒家何以超越佛家之論點，故而由此進入會通。

　　正因在宗教情感上，馬浮對儒家念茲在茲，遂以爲佛家原有之根本義理，
是儒家本有的，只不過是內醖其中，隱而未發，因此總以佛氏圓教與儒家易
教並論，且就佛理來闡發儒、道，令其諦當。是故，儒佛之異不是體上有差
別，而是用上有優劣。在馬浮看來，儒家超越佛家之處，是在易簡之道上，
是在人文化成上。換言之，儒家的易簡之道，勝過佛家的繁瑣，容易有個入
處；儒家的人文化成，涵蓋佛家的直內，則能開務成物。因此，其講論之姿

〔註21〕《馬一浮集·復性書院講錄第六卷·觀象卮言》（第一冊），頁 488。
〔註22〕劉澤亮，〈《周易禪解》哲學智慧通觀〉，《華梵大學第七次儒佛會通學術研討
　　　　會論文集》，臺北：華梵大學哲學系，2003，頁 453。

態、氛圍、場景等，便自然而然地，儼然成爲一儒者之態勢，與其內在之情感相呼應。

　　試問，佛家難道無法開務成物嗎？馬浮曾言：

> 佛氏之言曰：「如一眾生未成佛，終不於此取泥洹。」爲是言者，可謂知盡性之道，明嚮用之旨矣！〔註23〕

> 若不能成物者，己亦無成。換言之，即若無眾生，亦無佛土也。聖人以天下爲一家，中國爲一人。若以民物爲外，則如造屋於空，不成其爲勝德矣。〔註24〕

所謂盡性之道，即是盡己之性、盡物之性，亦即成己成物、成物成己。就理言，此乃儒佛無別也；就馬浮所處的時代背景而言，一方面爲了挽救民族之自信心，另方面爲了銷解其個人之內在衝突，他有更迫切而立即的需要，提出一套既圓滿又圓融之說，因此，他以六藝涵攝一切學術，並統攝於一心，正可顯示其用心良苦！

　　可見，馬浮乃不自覺地「以佛爲體，以儒爲用」。由於馬浮視此體爲儒本有之體，故其儒佛會通之論述，表面上多沿用儒家之話語，而歸之於儒；然就其實質而言，卻結穴於佛，以今日觀點視之，即「儒骨佛心」也。若無佛家彰顯之心，馬浮所謂的儒家內醞之體，實無由以建立；若無儒家六藝之骨幹，馬浮所理想之禮樂之邦，亦無從以架構。

　　綜觀前人之研究，皆未能深探馬浮會通儒佛之內在需求，並剴切確認其儒佛之定位。因此本論文之研就成果，乃在於就其儒佛並舉之詮釋手法，揭示出在義理上（眞諦），馬浮以《華嚴》圓教之「一心」爲究竟指歸；在文化上（俗諦），則以儒家「六藝」統攝中外一切學術。是故，馬浮會通儒佛之幽隱，堪稱「儒骨佛心」——此不啻爲儒佛會通之路，開啓了儒佛兼美的一種嶄新的可能性！

第二節　反省與展望

　　儒家與其他學說之別究竟何在？何以歷來的馬浮研究者，皆認爲馬浮是

〔註23〕《馬一浮集・復性書院講錄第五卷・洪範約義・別釋五福六極》（第一冊），頁405。

〔註24〕《馬一浮集・復性書院講錄第五卷・洪範約義・別釋五福六極》（第一冊），頁414。

一大儒者？這是吾人心中一直念茲在茲的疑惑。由於敝人才疏學淺，原本不敢一抒胸臆，然猶如馬浮所言：「今日所見只如此也。學以講而益明，誠然。」〔註25〕，是以不免野人獻曝，尚願求教方家，以令學術昌明，益能利用厚生！

滕復認為，儒學作為一種關於道德生命的哲學，其學術的本質即在於突出強調知識的道德內涵及道德目的，這也是它的學術上的最根本之特質的體現。馬浮六藝論的看法正是如此。在他看來，為學的目的不是純粹的為了獲得知識，知識只是借徑，是手段；目的是通過認知與悟識事物中所含之義理來顯發自性，從而達到完善道德之目的。〔註26〕張立文以為，宋明理學是儒釋道三教互相衝突融合的和合體。理學的內涵是以道體為核心，以窮理為精髓，以居敬、明誠為存養工夫，以齊家、治國、平天下為實質，以成聖為目的的道德形上學。〔註27〕換言之，儒學的特質，即在於其道德內涵及道德目的之強調。

若就馬浮經學的立場來看，他所講授的主題——《論語大義》、《孝經大義》、《詩教緒論》、《禮教緒論》、《洪範約義》、《觀象卮言》，他用的話語——理氣、心性等，在在都顯現出，他與儒家不可割裂的深深情懷，因此，大體上，不是被歸之於程朱，即是被劃分為陸王。誠然，朱陸對道德主體性的堅持，是無庸置疑的。然而，如果把馬浮置於儒佛會通的立場來看，暫且放下儒家本位，持平而論，我們將看到一慧眼獨具之馬浮，在如此混亂之時代背景下，如何肩負起時代的使命，一舉將在「打倒孔家店」的口號下，被廢黜而踐踏之儒家六藝，一躍而為統攝中外一切學術之顛！他所憑藉的，正是佛家的「圓教」，正是「一真法界」，正是「一心」。然此，豈是道德內涵與道德目的所能涵攝？正如楊儒賓所說：

> 在華嚴圓教的義理規模中，無藏通別，無一多分，徹上徹下，唯是圓實。馬浮的六藝論規模與之相近，《詩》、《書》、《禮》、《樂》、《易》、《春秋》，每一藝如從橫切面而言，都是相通相入；從「本體」面而言，每一藝都互涵互攝。因此，馬浮談六藝之全體大用時，雖然特重《易經》的地位，因此有「《詩》、《書》、《禮》、《樂》、《春秋》之教皆統於《易》」之語，但我們如追究其實質內涵，當可發現，每一藝

〔註25〕《馬一浮先生遺稿三編》，頁160。
〔註26〕滕復，《馬一浮思想研究》，頁88。
〔註27〕張立文，〈儒佛之辯與宋明理學〉，《中國哲學史》，2000年第2期，頁14。

其實都可含攝其他五藝，所以說「交參全偏，鎔融無礙」，即緣此故。而馬浮比較六藝與華嚴宗之判教後，說道：「六藝之教則絕於偏小，唯是圓大；無假權乘，唯一實理，通別始終等無有二。」更是開口見膽，一舉將六藝從方內經典提昇至無上圓教經典的地位。〔註28〕

吾人想進一步指出的是，馬浮不僅僅是開口見膽「一舉將六藝從方內經典提昇至無上圓教經典的地位」，而是在實質上，根本就認爲「六藝之道」即佛家之「真常絕待」，亦即「本覺真心」。此即「佛心」是也！馬浮並且強調：

說到究竟了義，惟是一真法界，無世間可出，空即是有，有即是空也。世有視寂滅爲可畏，而引爲佛家詬病者，皆由不解之故。〔註29〕

佛家權始偏小各教，蓋爲破除當時外道之邪計，故如此說，全屬破相一宗。至圓教、頓教，抉示根源，直顯真如法界，方是顯性之言，與中土儒學相當。然儒家直顯實理，沒有許多絡索，故言語尤爲簡要。〔註30〕

就馬浮而言，中土儒學之所以能統攝一切，自是在於其「易簡」，在於其「六藝」之教，乃能「直顯真如法界」也。此即「儒骨」是也！

除了揭示出「儒骨佛心」乃馬浮思想之精粹外，本論文在架構和論證上，實有許多尚待加強之處。此外，以圓教來會通儒佛，馬浮並非創舉，〔明〕蕅益智旭早已用圓教來注解《中庸》，〔註31〕他亦著有《周易禪解》，因此，可進一步進行二者間的比較研究。再則，馬浮受《華嚴》與圭峰宗密的影響極深，此亦爲另一比較研究之課題也。此外，若能就馬浮的晚年詩作，作一系統性的歸納、比較與詳解，更能對馬浮的生命情懷與心之所向，有更深入的瞭解與體會。又，馬浮在講述與行文間，多處引用禪宗公案，若能就此與其所作之禪詩，進行細部的比對分析，則更可深掘馬浮思想之底蘊！

〔註28〕楊儒賓，〈馬浮「六藝統於一心」思想析論〉，《鵝湖學誌》12，1994年6月，頁37。此外，馬浮所言實理之「實」，非指與「虛」相對應之實，而是指實證後所說之理。他說：「清涼觀答唐順宗心要云：語證則不可示人，說理則非證不瞭。證者方是真知，證後所說之理方是實理。不然只是揣量卜度，妄生分別，如盲人摸象，各說一端，似則似，是則不是。」見《馬一浮集‧復性書院講錄第一卷‧學規》（第一冊），頁112。

〔註29〕《馬一浮集‧語錄類編‧儒佛篇》（第三冊），頁1052～1053。

〔註30〕《馬一浮集‧問學私記》（第三冊），頁1168～1169。

〔註31〕周玟觀，〈蕅益法師儒佛會通思想之研究——以《學庸直指》爲例〉，《華梵大學第四次儒佛會通學術研討會論文集》，2000。

　　試問，馬浮倘以「儒骨佛心」為其思想之宗旨，那麼一切馬浮經學之研究，豈非毫無價值？剛好相反！一個在當代思想史中，長期被置於邊陲之思想家，於近數十年來，突因種種因素，而備受關注，表示其思想學說是經得起錘鍊的。馬浮思想既飽滿豐厚，且具多元性；既能開權，又得顯實。雖不見愛於當時，卻不會永遠被埋沒。猶如陶淵明的人，陶淵明的詩，正當其「環堵蕭然，簞瓢屢空，短褐穿結」時，又豈有知音？然今，誰不知「五柳先生」？誰不聞「結廬在人境，而無車馬喧」？馬浮亦嘗言：「吾道寓於詩」〔註32〕，「詩力都從定慧生」〔註33〕。因此，且令吾等賞玩其晚年詩作三首以作結：

其一，《法界頌》：

　　一真法界，事事無礙。金翅飛空，牯牛逐隊。蚊蝱過前，日月相代。

　　當生不生，成即是壞。何將何迎，非內非外。優哉遊哉，無乎不在。

　　〔註34〕

其二，再成二首擬山谷體：

　　道者春秋不涉，眾人寒暑相侵，法界非空非有，真常無古無今。

　　萬法從緣起滅，世情與物推移，姑射神人不見，虛空消隕何時？

　　〔註35〕

其三，理窟三首之一：

　　何物名神器，羣生事轉輪。年光駒過隙，動境海揚塵。

　　見性原非眼，觀空不異身。要知真法界，無我亦無人。〔註36〕

〔註32〕《馬一浮集》（第三冊），頁289。
〔註33〕《馬一浮集》（第三冊），頁344。
〔註34〕《馬一浮集‧蠲戲齋詩編年集‧丁酉（1957）》（第三冊），頁598。
〔註35〕《馬一浮集‧蠲戲齋詩編年集‧丁酉》（第三冊），頁605。
〔註36〕《馬一浮集‧蠲戲齋詩編年集‧甲辰（1964）》（第三冊），頁712。

參考書目

一、古代典籍（佛典乃按照大正藏、卍續藏、嘉興藏，及其冊數順序排列）

1. 〔東晉〕法顯譯，《大般涅槃經》（CBETA，T01，No.0007）。
2. 〔劉宋〕求那跋陀羅譯，《雜阿含經》（CBETA，T02，No.0099）。
3. 〔唐〕玄奘譯，《大般若波羅蜜多經》（CBETA，T05，No.0220）。
4. 〔唐〕玄奘譯，《大般若波羅蜜多經》（CBETA，T06，No.0220）。
5. 〔後秦〕鳩摩羅什譯，《小品般若波羅蜜經》（CBETA，T08，No.0227）。
6. 〔後秦〕鳩摩羅什譯，《金剛般若波羅蜜經》（CBETA，T08，No.0235）。
7. 〔唐〕玄奘譯，《般若波羅蜜多心經》（CBETA，T08，No.0251）。
8. 〔姚秦〕鳩摩羅什譯，《妙法蓮華經》（CBETA，T09，No.262）。
9. 〔東晉〕佛馱跋陀羅譯，《大方廣佛華嚴經》（CBETA，T09，No.278）。
10. 〔唐〕實叉難陀譯，《大方廣佛華嚴經》（CBETA，T10，No.0279）。
11. 〔唐〕般剌蜜帝譯，《大佛頂如來密因修證了義諸菩薩萬行首楞嚴經》（CBETA，T19，No.0945）。
12. 龍樹菩薩造，〔後秦〕鳩摩羅什譯，《大智度論》（CBETA，T25，No.1509）
13. 龍樹菩薩造，〔後秦〕鳩摩羅什譯，《十二門論》（CBETA，T30，No.1568）。
14. 馬鳴菩薩造，〔梁〕真諦譯，《大乘起信論》（CBETA，T32，No.1666）。
15. 〔隋〕智顗，《妙法蓮華經文句》（CBETA，T34，No.1718）。
16. 〔唐〕湛然述，《法華文句記》（CBETA，T34，No.1719）。
17. 〔唐〕法藏述，《華嚴經探玄記》（CBETA，T35，No.1733）。
18. 〔唐〕澄觀述，《大方廣佛華嚴經隨疏演義鈔》（CBETA，T36，No.1736）。
19. 〔宋〕子璿集，《首楞嚴義疏注經》（CBETA，T39，No.1799）。
20. 〔唐〕法藏撰，《大乘起信論義記》（CBETA，T44，No.1846）。

21. 〔後秦〕僧肇作，《肇論》（CBETA，T45，No.1858）。

22. 〔唐〕法藏述，《華嚴一乘教義分齊章》（CBETA，T45，No.1866）。

23. 〔隋〕杜順說、〔唐〕智儼撰，《華嚴一乘十玄門》（CBETA，T45，No.1868）。

24. 〔唐〕澄觀述，《華嚴法界玄鏡》（CBETA，T45，No.1883）。

25. 〔唐〕宗密註，《註華嚴法界觀門》（CBETA，T45，No.1884）。

26. 〔唐〕宗密述，《原人論》（CBETA，T45，No.1886）。

27. 〔隋〕智顗說，《摩訶止觀》（CBETA，T46，No.1911）。

28. 〔宋〕蘊聞編，《大慧普覺禪師語錄》（CBETA，T47，No.1998A）。

29. 〔宋〕紹隆等編，《圓悟佛果禪師語錄》（CBETA，T47，No.1997）。

30. 〔隋〕僧璨作，《信心銘》（CBETA，T48，No.2010）。

31. 〔唐〕宗密述，《禪源諸詮集都序》（CBETA，T48，No.2015）。

32. 〔宋〕志磐撰，《佛祖統紀》（CBETA，T49，No.2035）。

33. 〔梁〕僧佑撰，《弘明集》（CBETA，T52，No.2102）。

34. 〔宋〕契嵩撰，《鐔津文集》（CBETA，T52，No.2115）。

35. 〔唐〕澄觀別行疏、宗密隨疏鈔，《華嚴經行願品疏鈔》（CBETA，X05，No.0229）。

36. 〔唐〕宗密，《圓覺經大疏釋義鈔》（CBETA，X09，No.0245）。

37. 〔清〕德玉順硃，《梵網經順硃》（CBETA，X39，No.0699）。

38. 〔清〕書玉述，《梵網經菩薩戒初津》（CBETA，X39，No.0700）。

39. 〔明〕（侍者）福善日錄、（門人）通炯編輯，《憨山老人夢遊集》（CBETA，X73，No.1456）。

40. 〔唐〕宗密述，《圓覺經道場修證儀》（CBETA，X74，No.1475）。

41. 〔清〕彭際清編，《居士傳》（CBETA，X88，No.1646）。

42. 〔明〕智旭，《周易禪解》，《嘉興大藏經》第 20 冊（台北版電子佛典集成 B096）。

43. 龍樹造，法尊譯，弘悲科攝，《七十空性論科攝》，收入藍吉富主編，《大藏經補編》，經號 032，冊號 9，臺北：華宇出版社，1985。

44. 〔明〕焦竑撰，李劍雄點校，《澹園集》（全二冊），北京：中華書局，1999。

二、專著（按照出版年順序排列）

1. 藍吉富，《當代中國十位哲人及其文章》，臺北：正文出版社，1969。

2. 黃懺華，《佛教各宗大意》，臺北：新文豐出版公司，1973。

3. 馬浮，《爾雅臺答問》，臺北：廣文書局，1973。（影二版）

4. 賀麟，《當代中國哲學》，臺北：臺灣時代書局，1974。

5. 馬浮，《復性書院講錄》，臺北：廣文書局，1979。

6. 馬浮，《爾雅臺答問》（一卷，續編六卷），臺北：廣文書局，1979。（據民國三十二年復性書院刻本重印）

7. 馬浮，《泰和宜山會語合刻》，臺北：廣文書局，1980。

8. 釋圓瑛，《大乘起信論講義》，臺北：新文豐出版公司，1980。

9. 陳寅恪，《金明館叢稿初編》，上海：上海古籍出版社，1980。

10. 釋印順，《如來藏之研究》，臺北：正聞出版社，1981。

11. 熊十力，《新唯識論》，臺北：學生書局，1983。

12. 牟宗三，《佛性與般若》（上、下冊），臺北：臺灣學生書局，1984。

13. 釋智旭，《靈峰宗論》，京都：中文出版社，1984。

14. 唐君毅，《唐君毅全集》，臺北：臺灣學生書局，1985。

15. 柳田聖山著・吳汝鈞譯，《中國禪思想史》，臺北：臺灣商務印書館，1985。

16. 熊琬，《宋代理學與佛學之探討》，臺北：文津出版社，1985。

17. 高瑞泉編，《中國近代社會思潮》，上海：華東師範大學出版社，1986。

18. 浙江省書法家協會編，《馬一浮先生紀念冊──馬一浮先生逝世二十周年紀念特刊》，杭州：浙江省書法家協會編印，1987。

19. 梁漱溟，《中國文化要義》，上海：學林出版社，1987。

20. 釋印順，《大乘起信論講記》，臺北：正聞出版社，1987。

21. 錢穆，《宋明理學概述》，臺北：臺灣學生書局，1987。

22. 冉雲華，《宗密》，臺北：東大圖書公司，1988。

23. 任繼愈，《中國佛教史》，北京：中國社會科學出版社，1988。

24. 馮友蘭，《中國哲學史新編》，上海：上海人民出版社，1988。

25. 湯用彤，《隋唐佛教史稿》，臺北：木鐸出版社，1988。

26. 釋印順，《勝鬘經講記》，臺北：正聞出版社，1988。

27. 賴永海，《中國佛性論》，上海：上海人民出版社，1988。

28. 藍吉富編，《禪宗全書》，臺北：文殊出版社，1988。

29. 鄭志明，《明代三一教主研究》，臺北：臺灣學生書局，1988。

30. 方東美，《華嚴宗哲學》（上、下冊），臺北：黎明文化出版社，1989。

31. 牟宗三，《中國哲學十九講》，臺北：臺灣學生書局，1989 。

32. 朱建民，《張載思想研究》，臺北：文津出版社，1989 。

33. 蒙培元，《中國心性論》，臺北：臺灣學生書局，1990。

34. 傅偉勳，《從創造的詮釋學到大乘佛學》，臺北：東大圖書公司，1991。

35. 幻生，《滄海文集（上冊）──論大乘起信論作者與譯者》，臺北：正聞出

版社，1991。

36. 方立天，《法藏》，臺北：東大圖書公司，1991。

37. 湯用彤，《理學‧玄學‧佛學》，北京：北京大學出版社，1991。

38. 馬一浮著，陸寶千整理，《馬一浮先生遺稿初編》，臺北：廣文書局，1992。

39. 釋印順，《唯識學探源》，臺北：正聞出版社，1992。

40. 馬鏡泉、趙士華，《馬一浮評傳》，南昌：百花洲文藝出版社，1992。

41. 畢養賽主編，《中國當代理學大師馬一浮》，上海：上海人民出版社，1992。

42. 陳來，《哲學與傳統》，臺北：允晨文化公司，1994。

43. 盧升法，《佛學與現代新儒家》，瀋陽：遼寧大學出版社，1994。

44. 杜松柏，《知止齋禪學論文集》，臺北：文史哲出版社，1994。

45. 龔雋，《《大乘起信論》與佛學中國化》，臺北：文津出版社，1995。

46. 杜繼文、魏道儒著：《中國禪宗通史》，南京：江蘇古籍出版社，1995。

47. 方立天，《法藏評傳》，北京：京華出版社，1995。

48. 黃連忠，《宗密的禪學思想》，臺北：新文豐出版公司，1995。

49. 賴永海，《佛學與儒學》，臺北：揚智文化事業公司，1995。

50. 方克立、李錦全主編，《現代新儒家學案》（上、中、下），北京：中國社會科學出版社，1995。

51. 劉夢溪主編，馬鏡泉編校，《中國現代學術經典‧馬一浮卷》，石家莊：河北教育出版社，1996。

52. 馬一浮著，馬鏡泉、樓達人、馬仲嗣、丁敬涵、虞萬里校點，《馬一浮集》（全三冊），杭州：浙江古籍出版社、浙江教育出版社，1996。

53. 陳星，《隱士儒宗》，濟南：山東畫報出版社，1996。

54. 釋恆清，《佛性思想》，臺北：東大圖書公司，1997。

55. 徐紹強釋譯，《華嚴五教章》，臺北：佛光文化事業公司，1997。

56. 馬一浮等著，陸寶千編，《馬一浮先生遺稿續編》，臺北：廣文書局，1998。

57. 湯用彤，《漢魏兩晉南北朝佛教史》（上、下），臺北：臺灣商務印書館，1998。

58. 魏道儒，《中國華嚴宗通史》，臺北：空庭書苑公司，1998。

59. 鎌田茂雄著，關世謙譯，《中國佛教史》，臺北：新文豐出版公司，1998。

60. 張清泉，《北宋契嵩的儒釋融會思想》，臺北：文津出版社，1998。

61. 鄭大華，《馬一浮》，收入王壽南主編，《中國歷代思想家（冊二十一）》，臺北：臺灣商務印書館，1999。

62. 丁敬涵主編，《馬一浮詩話》，上海：學林出版社，1999。

63. 梁漱溟,《東西文化及其哲學》,北京:商務印書館,1999。

64. 王仲堯,《隋唐佛教判教研究》,成都:巴蜀書社,2000。

65. 陳星,《君子之交——弘一大師、豐子愷、夏丏尊、馬一浮交遊紀實》,臺北:讀冊文化公司,2000。

66. 董群,《融合的佛教——圭峰宗密的佛學思想研究》,北京:宗教文化出版社,2000。

67. 蔣年豐,《文本與實踐(一):儒家思想的當代詮釋》,臺北:桂冠圖書公司,2000。

68. 張文儒、郭建寧主編,《中國現代哲學》,北京:北京大學出版社,2001。

69. 沈清松主編,《跨世紀的中國哲學》,臺北:五南圖書出版公司,2001。

70. 滕復,《馬一浮思想研究》,北京:中華書局,2001。

71. 陳俊民,《三教融合與中西會通——中國哲學及其方法論探微》,西安:陝西師範大學出版社,2002。

72. 賀麟,《五十年來的中國哲學》,北京:商務印書館,2002。

73. 丁敬涵編,《馬一浮先生遺稿三編》,臺北:廣文書局,2002。

74. 李山、張重岡、王來寧著,《現代新儒家傳》,濟南:山東人民出版社,2002。

75. 林安梧,《人文學方法論:詮釋的存有學探源》,臺北:讀冊文化公司,2003。

76. 王仲堯,《中國佛教與周易》,臺北:大展出版社,2003。

77. 郭朝順、林朝成,《佛學概論》,臺北:三民書局,2003。

78. 滕復,《馬一浮傳》,杭州:杭州出版社,2004。

79. 劉國忠、黃振萍主編,《中國思想史參考資料集·隋唐至清卷》,北京:清華大學出版社,2004,

80. 杜保瑞,《北宋儒學》,臺北:臺灣商務印書館,2005。

81. 馬一浮,《爾雅臺答問》,南京:江蘇教育出版社,2005。

82. 馬一浮,《復性書院講錄》,南京:江蘇教育出版社,2005。

83. 高迎剛,《馬一浮詩學思想研究》,濟南:齊魯書社,2006。

84. 蔡金昌,《憨山大師的三教會通思想》,臺北:文津出版社,2006。

85. 陳銳,《馬一浮與現代中國》,北京:中國社會科學出版社,2007。

86. 徐嘉,《現代新儒與佛學》,北京:宗教文化出版社,2007。

87. 孟曉路,《七大緣起論》,北京:宗教文化出版社,2008。

88. 韓煥忠,《華嚴判教論》,臺北:空庭書苑公司,2008。

89. 許寧,《六藝圓融——馬一浮文化哲學研究》,北京:中國社會科學出版社,2008。

90. 趙偉，《心海禪舟：宋明心學與禪學研究》，北京：人民出版社，2008。

91. 付長珍，《宋儒境界論》，上海：上海三聯書店，2008。

92. 馮友蘭，《三松堂自序》，北京：生活・讀書・新知三聯書店，2009。

93. 蔡方鹿，《宋明理學心性論》（修正版），成都：巴蜀書社，2009。

94. 黃壽祺、張善文譯注，《周易譯注》（全二冊），上海：上海古籍出版社，2010。

95. 陳銳，《馬一浮儒學思想研究》，上海：上海古籍出版社，2010。

96. 陳來，《宋明理學》，臺北：允晨文化實業公司，2010。

97. 麻天祥，《如是我聞——麻天祥佛學與宗教哲學研究》，北京：中華書局，2010。

三、論文集暨論文集論文（按照出版年順序排列）

1. 張曼濤主編，《華嚴學概論》，《現代佛教學術叢刊・華嚴學專集 32》，臺北：大乘文化，1978。

2. 張曼濤主編，《華嚴思想論集》，《現代佛教學術叢刊・華嚴學專集 33》，臺北：大乘文化，1978。

3. 張曼濤主編，《華嚴宗判教及其發展》，《現代佛教學術叢刊・華嚴學專集 34》，臺北：大乘文化，1978。

4. 封祖盛編，《當代新儒家》，北京：三聯書店，1989。

5. 畢賽養主編，《中國當代理學大師馬一浮》，上海：上海人民出版社，1992。

6. 畢養賽、馬鏡泉主編，《馬一浮學術研究》，杭州：杭州師範學院馬一浮研究所，1995。

7. 楊儒賓，〈馬浮「六藝統於一心」思想析論〉，畢賽養、馬鏡泉編，《馬一浮學術研究》，杭州：杭州師範學院馬一浮研究所，1995。

8. 楊曾文，〈南宋圭堂居士《大明錄》及其三教一致思想〉，《佛教與中國文化國際學術會議論文集中輯》，臺北：中華文化復興運動總會、宗教研究委員會編印，1995。

9. 杜保瑞，〈從孟子盡心之本體功夫說儒佛會通的方法論探究〉，《華梵大學第一次儒佛會通學術研討會論文集》，臺北：華梵大學哲學系，1997。

10. 黃連忠，〈體相用範疇對禪宗的影響及其研究公案的意義與價值〉，《華梵大學第四次儒佛會通學術研討會論文集》，臺北：華梵大學哲學系，2000。

11. 蔡家和，〈王龍溪對於三教的分別與融通〉，《華梵大學第四次儒佛會通學術研討會論文集》，臺北：華梵大學哲學系，2000。

12. 周玟觀，〈蕅益法師儒佛會通思想之研究——以《學庸直指》為例〉，《華梵大學第四次儒佛會通學術研討會論文集》，2000。

13. 周慶華，〈佛教與儒家的對諍式對話發微〉，《華梵大學第五次儒佛會通學術研討會論文集》，臺北：華梵大學哲學系，2001。

14. 杜保瑞，〈《大乘起信論》的功夫理論與境界哲學〉，《華梵大學第五次儒佛會通學術研討會論文集》，臺北：華梵大學哲學系，2001。

15. 劉昌元，〈研究中國哲學所需遵循的解釋學原則〉，沈清松編，《跨世紀的中國哲學》，臺北：五南出版公司，2001。

16. 劉又銘，〈從「蘊謂」論荀子哲學潛在的性善觀〉，《「孔學與二十一世紀」國際學術研討會論文集》，臺北：政治大學文學院，2001。

17. 李明友，〈馬一浮的「三教」圓融觀〉，《馬一浮學術研究》，北京：中華書局，2001。

18. 姜允明，〈從「陸王學派」一詞的商榷論儒佛會通〉，《華梵大學第六次儒佛會通學術研討會論文集》，臺北：華梵大學哲學系，2002。

19. 劉澤亮，〈《周易禪解》哲學智慧通觀〉，《華梵大學第七次儒佛會通學術研討會論文集》，臺北：華梵大學哲學系，2003。

20. 劉義齋，〈儒佛兩家「生命管理」義諦的淑世意涵〉，《華梵大學第七次儒佛會通學術研討會論文集》，臺北：華梵大學哲學系，2003。

21. 恒毓，〈佛教的斷惑證真與儒家的存理去欲〉，《華梵大學第七次儒佛會通學術研討會論文集》，臺北：華梵大學哲學系，2003。

22. 吳光主編，《馬一浮研究》，上海：上海古籍出版社，2008。

23. 吳光主編，《馬一浮思想新探——紀念馬一浮先生誕辰 125 週年暨國際學術研討會論文集》，上海：上海古籍出版社，2010。

24. 劉夢溪，〈馬一浮的文化典範意義〉，吳光主編，《馬一浮思想新探——紀念馬一浮先生誕辰 125 週年暨國際學術研討會論文集》，上海：上海古籍出版社，2010。

25. 吳光，〈馬一浮思想的基本特色〉，吳光主編，《馬一浮思想新探——紀念馬一浮先生誕辰 125 週年暨國際學術研討會論文集》，上海：上海古籍出版社，2010。

26. 戴璉璋，〈馬一浮六藝論的人文思想〉，吳光主編，《馬一浮思想新探——紀念馬一浮先生誕辰 125 週年暨國際學術研討會論文集》，上海：上海古籍出版社，2010。

27. 林安梧，〈馬浮經學的本體詮釋學探源〉，吳光主編，《馬一浮思想新探——紀念馬一浮先生誕辰 125 週年暨國際學術研討會論文集》，上海：上海古籍出版社，2010。

28. 劉又銘，〈馬浮的哲學典範及其定位〉，吳光主編，《馬一浮思想新探——紀念馬一浮先生誕辰 125 週年暨國際學術研討會論文集》，上海：上海古籍出版社，2010。

29. 劉夢溪，〈馬一浮和「六藝論」〉，吳光主編，《馬一浮思想新探——紀念馬一浮先生誕辰 125 週年暨國際學術研討會論文集》，上海：上海古籍出版社，2010。

30. 李峻嶺，〈淺析「六藝該攝一切學術」的現實意義〉，吳光主編，《馬一浮思想新探——紀念馬一浮先生誕辰 125 週年暨國際學術研討會論文集》，上海：上海古籍出版社，2010。

31. 陳永革，〈馬一浮對佛教心法的知性詮釋：以華嚴禪爲例〉，吳光主編，《馬一浮思想新探——紀念馬一浮先生誕辰 125 週年暨國際學術研討會論文集》，上海：上海古籍出版社，2010。

32. 丁進涵、顧天德，〈試探馬一浮先生儒佛觀的形成及發展〉，吳光主編，《馬一浮思想新探——紀念馬一浮先生誕辰 125 週年暨國際學術研討會論文集》，上海：上海古籍出版社，2010。

33. 林佳榛，〈「萬理來尋獨立碑」——馬一浮遊學北美述略〉，吳光主編，《馬一浮思想新探——紀念馬一浮先生誕辰 125 週年暨國際學術研討會論文集》，上海：上海古籍出版社，2010。

34. 鄧新文，〈馬一浮「六藝一心論」對經學的整合〉，吳光主編，《馬一浮思想新探——紀念馬一浮先生誕辰 125 週年暨國際學術研討會論文集》，上海：上海古籍出版社，2010。

35. 陸寶千，〈馬一浮之功夫論〉，李祈國編，《郭廷以先生百歲冥誕紀念史學論文集》，臺北：臺灣商務印書館，2005。

四、期刊論文（按照出版年順序排列）

1. 劉又銘，〈馬浮生平與成學歷程考述〉，《中華學苑》31，1985 年。

2. 釋恆清，〈大乘起信論的心性論〉，《臺大哲學論評》12，1989 年 1 月。

3. 謝大寧，〈試析華嚴宗「法界緣起」義〉，《中正大學學報》1：1，1990 年 9 月。

4. 傅偉勳，〈關於緣起思想形成與發展的詮釋學考察〉，《中華佛學學報》4，1991 年，7 月。

5. 陸寶千，〈馬浮之六藝論〉，《中央研究院近代史研究所集刊》22 下，1993 年 6 月。

6. 賴永海，〈儒佛之異同及其相互影響〉，《圓光佛學學報創刊號》，1993 年 12 月。

7. 楊儒賓，〈馬浮「六藝統於一心」思想析論〉，《鵝湖學誌》12，1994 年 6 月。

8. 李明友，〈馬一浮的儒佛會通觀〉，《孔子研究》1，1995 年 9 月。

9. 滕復，〈馬一浮的哲學思想〉，《浙江學刊》（雙月號）92，1995 年第 3 期。

10. 裴勇，〈宗密判宗說研究〉，《中國宗教與哲學國際論壇》2，1997 年 3 月。

11. 黃國清，〈宗密之三教會通思想於中國佛教思想史上的意義〉，《中華佛學學報》3，1999 年 3 月。

12. 張立文，〈儒佛之辯與宋明理學〉，《中國哲學史》，2000 年第 2 期。

13. 向世陵，〈見理見性與窮理盡性——傳統儒學、佛學（華嚴禪）與理學〉，《中國哲學史》，2000 年第 2 期。

14. 冉雲華，〈論中國佛教核心思想的建立〉，《中華佛學學報》13，2000 年 7 月。

15. 陳星，〈馬一浮：生平・佛緣・佛心〉，《普門學報》2，2001 年 3 月。

16. 杜保瑞，〈當代宋明儒學研究與中國形上學問題意識〉，《世界弘明哲學季刊》，2001 年 9 月號。

17. 楊維中，〈論中國佛教心性本體論的特質〉，《普門學報》6，2001 年 11 月。

18. 滕復，〈從義理名相之關係看儒、釋、道的分別——馬一浮的義理名相論解析〉，《浙江學刊》，2001 年第 5 期。

19. 麻天祥，〈中國佛學非本體的本體詮釋〉，《中國社會科學》，2001 年第 6 期。

20. 屈大成，〈中國判教思想的濫觴〉，《正觀雜誌》21，2002 年 6 月。

21. 林義正，〈儒佛會通方法研議〉，《佛學研究中心學報》7，2002 年 7 月。

22. 高志林，〈一代儒宗馬一浮〉，《文史精華》146，2002 年 7 月。

23. 柴文華，〈舊瓶裝舊酒——論馬一浮的哲學思想〉，《深圳大學學報》（人文社會科學版），第 20 卷第 2 期，2003 年 3 月。

24. 杜保瑞，〈蕅益智旭溝通儒佛的方法論探究〉，《哲學與文化月刊》349，2003 年 6 月。

25. 劉夢溪，〈馬一浮的學術精神和學問態度〉，《文藝研究》，2003 年第 6 期。

26. 劉夢溪，〈熊十力與馬一浮〉，《浙江學刊》，2004 年第 3 期。

27. 許寧，〈馬一浮與文化判教論〉，《中國哲學史》，2004 年第 4 期。

28. 李承貴，〈宋代儒士對佛教的解讀及其方法上的困局〉，《江西社會科學》，2004 年 7 期。

29. 劉夢溪，〈「花開正滿枝」——馬一浮的佛禪境界和方外諸友〉，《文藝研究》，2005 年第 7 期。

30. 陳永革，〈儒佛交涉的現代展開與人間佛教思潮——以太虛大師對現代新儒家的回　應爲中心〉，《玄奘佛學研究》4，2006 年 1 月。

31. 劉煒，〈馬一浮功夫論初探〉，《寧波大學學報（人文科學版）》19：2，2006 年 3 月。

32. 鄧新文，〈馬一浮之學及其定位問題〉，《學術界》（雙月刊）119，2006 年 4 月。

33. 杜保瑞，〈華嚴宗形上學命題的知識意義〉，發表於「佛教的哲學建構學術研討會」，臺灣大學哲學系主辦，2006 年 5 月 27～28 日。

34. 劉又銘，〈荀子的哲學典範及其在後代的變遷轉移〉，《漢學研究集刊・荀子研究專號》3，2006 年 12 月。

35. 李國紅，〈淺析馬一浮以禪解儒〉，《蘭州學刊》，2007 年第 2 期。

36. 李國紅，〈略論馬一浮以禪宗自性觀念會通三教〉，《社科縱橫》，22：3，2007 年 3 月。

37. 滕复，〈馬一浮以儒融佛與調停朱陸之說評析〉，《杭州師範學院學報》（社會科學版），2007 年第 1 期。

38. 陳永革，〈馬一浮的般若會及其「知性佛學」取向〉，《杭州師範學院學報》（社會科學版），2007 年第 2 期。

39. 許寧，〈馬一浮佛學解釋學芻議〉，《普門學報》37，2007 年 1 月。

40. 林安梧、歐陽康、郭齊勇、鄧曉芒，〈話語・思考與方法：中國哲學、西方哲學與馬克思主義哲學的對話〉，《臺北大學中文學報》2，2007 年 3 月。

41. 許寧，〈回歸真實的義理──馬一浮義理名相論的再闡釋〉，《孔子研究》，2007 年第 3 期。

42. 許寧，〈儒學現代轉型的三個向度──以梁漱溟、熊十力、馬一浮為例〉，《安徽大學學報》（哲學社會科學版）31：4，2007 年 7 月。

43. 吳汝鈞，〈佛性偏覺與佛性圓覺（上）〉，《正觀雜誌》44，2008 年 3 月。

44. 唐錦鋒、袁國華，〈馬一浮「復性」思想與儒學價值體系之重建〉，《長江工程職業技術學院學報》25：3，2008 年 9 月。

45. 鄧新文，〈理解馬一浮的障難試析〉，《浙江學刊》，2008 年第 4 期。

46. 唐大潮、周治，〈南宋元明時期佛教「三教合一」思想略論〉，《世界宗教研究》，2009 年第 2 期。

47. 許寧，〈心性圓融──馬一浮心性論體系的建構與展開〉，《中國哲學史》，2009 年第 3 期。

48. 韓煥忠，〈馬一浮的佛學觀〉，《五臺山研究》98，2009 年 1 月。

49. 趙偉，〈林兆恩與明末三教合一論比較〉，《東方論壇》，2009 年第 2 期。

50. 李淑敏、程恭讓，〈論馬一浮文化保守主義的個性特徵〉，《哲學動態》，2009 年第 5 期。

51. 劉煒，〈馬一浮六藝論新解〉，《鵝湖月刊》407，2009 年 5 月。

52. 韓煥忠，〈馬一浮的易佛融通論〉，《大理學院學報》8：11，2009 年 11 月。

53. 姚禕、施敏發，〈「通」往未來之路──馬一浮文化觀及其方法簡析〉，《赤峰學院學報》（漢文哲學社會科學版）30：12，2009 年 12 月。

54. 宮雲維，〈馬一浮主講浙江大學國學講座始末〉，《齊魯學刊》214，2010

年第 1 期。

55. 王汝華，〈馬一浮對朱、王學術的衡度與融攝——以涵養與察識的開展爲軸〉，《漢學研究集刊》10，2010 年 6 月。

56. 湯一介，〈儒學與經典詮釋〉，《北京大學學報》（哲學社會科學版）47：4，2010 年 7 月。

57. 李淑敏，〈試論馬一浮的學術觀〉，《重慶科技學院學報》（社會科學版），2010 年 8 月。

58. 吳冠宏，〈仁心詩興的進路——從馬浮的經學思想到蔣年豐的經學解釋學〉，《臺大文史哲學報》73，2010 年 11 月。

59. 史懷剛，〈現代新儒家易學思想特點論略——以馬、熊、牟、唐四先生爲中心〉，《北方論叢》225，2011 年第 1 期。

60. 韓煥忠，〈馬一浮對《論語》的佛學解讀〉，《蘇州大學學報》（哲學社會科學版），2011 年第 1 期。

61. 李國紅，〈馬一浮論三教同歸性命之理〉，《廣西社會科學》189，2011 年第 3 期。

五、學位論文（按照出版年順序排列）

1. 劉又銘，《馬浮研究》，政治大學中文所碩士論文，1984 年。

2. 韓子峯，《張載氣論研究》，政治大學中文所碩士論文，1987 年。

3. 黃俊威，《華嚴「法界緣起觀」的思想探源》，臺灣大學哲學所博士論文，1993 年。

4. 董群，《宗密的融合論思想研究》，中國人民大學博士論文，1993 年。（收入佛光山文教基金會編輯，《法藏文庫——中國佛教學術論典 17》，高雄：佛光山文教基金會出版社，2001 年。）

5. 李道湘，《現代新儒學與宋明理學》，南開大學哲學系所博士論文，1994 年。

6. 韓子峯，《天臺法華三昧之研究》，臺灣師範大學國文研究所博士論文，1998 年。

7. 陳凱文，《馬浮經學思想研究》，政治大學中文所碩士論文，1998 年。

8. 黃莘瑜，《馬一浮詩論研究》，臺灣大學中文所碩士論文，2000 年。

9. 黃連忠，《禪宗公案體相用思想之研究——以《景德傳燈錄》爲中心》，臺灣師範大學國文研究所博士論文，2000 年。

10. 夏煥雲，《六藝與儒學之復興——馬一浮文化哲學初探》，南開大學碩士論文，2003 年。

11. 黃瑞凱，《初期佛教生死觀之哲理試探——以緣起理論爲核心之探索》，南華大學生死學所碩士論文，2004 年。

12. 鄧新文，《馬一浮六藝一心論研究》，中山大學哲學所博士論文，2004 年。

13. 楊一鳴，《走入民國的書院——復性書院與近代學術傳承》，東吳大學歷史所碩士論文，2005 年。

14. 高迎剛，《馬一浮詩學思想研究》，山東大學文學與新聞傳播學院文藝學博士論文，2005 年。

15. 王黨輝，《馬一浮之心學理學融合論》，復旦大學哲學所博士論文，2006 年。

16. 劉煒，《馬一浮的六藝論與詩學思想》，華東師範大學中國語言文學系博士論文，2006 年。

17. 李國紅，《馬一浮思想研究：以性命與六藝為中心》，南京大學哲學系所博士論文，2006 年。

18. 彭戰果，《馬一浮「正名在於正心」命題分析》，蘭州大學哲學系碩士論文，2006 年。

19. 李淑敏，《馬一浮與中國近現代文化保守主義思潮研究》，首都師範大學哲學系碩士論文，2006 年。

20. 姚褘，《馬一浮心學思想述評》，雲南師範大學哲學系碩士論文，2006 年。

21. 劉繼青，《復性書院考論》，北京師範大學教育學院博士論文，2007 年。

22. 程曦，《明代儒佛融通思想研究》，復旦大學哲學學院博士論文，2007 年。

23. 鄧曉偉，《馬一浮的「六藝論」研究》，南開大學哲學系碩士論文，2007 年。

24. 李秀文，《蕅益智旭儒佛會通思想研究》，臺北市立教育大學中國語文學系碩士論文，2007 年。

25. 林建勳，《華嚴三祖法藏大師圓教思想研究》，中央大學中文所博士論文，2007 年。

26. 李秀文，《蕅益智旭儒佛會通思想研究——以《論語點睛》為中心》，臺北市立教育大學中國語文學系語文教學碩士學位班碩士論文，2008 年。

27. 郭泗昌，《馬一浮的「六藝論」及其價值》，黑龍江大學哲學與公共管理學院碩士論文，2009 年。

28. 鄭淑娟，《馬一浮經學思想及其學儒觀》，逢甲大學中文系博士論文，2010 年。

六、網路資源

1. 馬一浮先生學術文獻館：http://mayifu.blogspot.com/

2. 文淵閣四庫全書內聯網版：http://210.59.113.5/

3. 至尊展聽——漢字書法網：
   http://www.cccа.hk/ccca/CCCA/25zzzt/1/4_6.html

4. 台北版電子佛典集成：http://taipei.ddbc.edu.tw/index.php

5. 《蕅益大師全集》網路版：http://www.ouyi.mymailer.com.tw/ouyihtm/

七、工具書

1. 星雲監修，慈怡主編，《佛光大辭典》（共八冊），臺北：佛光文化事業公司，1999。

2. 中華電子佛典協會，《CBETA 電子佛典集成》，臺北：中華電子佛典協會（Chinese Buddhist Electronic Text Association 簡稱 CBETA），2011。